eビジネス新書
No.329
週刊東洋経済

AIに負けない 読解力を鍛える

週刊東洋経済 eビジネス新書　No.329

読解力を鍛える

本書は、東洋経済新報社刊『週刊東洋経済』２０１９年１０月１２日号より抜粋、加筆修正のうえ制作しています。情報は底本編集当時のものです。（標準読了時間　１２０分）

読解力を鍛える　目次

・企業を悩ます「読解力不足」……1
・リーディングスキルテストの問題を解いてみよう……9
・RSTのタイプ別分析　あなたはどれに当てはまる？……49
・INTERVIEW　国立情報学研究所　教授・新井紀子……52
　・読解力のない経営者や社員は会社を潰すリスクがある……53
・論理の基本ルールを学ぼう……68
・東大生が教える「読書術」……86
・新しい言葉のインプット術……98
・言葉の定義を押さえ前提を明確にしよう……102
・難解な法律条文を正しく読む方法……111
・統計データは疑うことから始めよう……127

企業を悩ます「読解力不足」

「ＡＩ（人工知能）時代を生き抜くためには読解力が必要だ」。新井紀子・国立情報学研究所教授はそう断言する。新井氏は「ロボットは東大（東京大学）に入れるか」（東ロボ）というＡＩのプロジェクトを率いた数学者だ。東ロボは２０１６年の高校生向け模擬試験で、ＭＡＲＣＨ（明治大学、青山学院大学、立教大学、中央大学、法政大学）クラスの複数の大学に「合格可能性８０％以上」という判定をたたき出した。

ＡＩの力を世に示した新井氏が、なぜ読解力の重要性を説くのか。それはＡＩの弱点も知るからだ。実は東ロボでは、東大合格が難しいという判断に至った。国語や英語の長文読解に歯が立たない、図の示す内容がわからないといった課題を克服できなかったためだ。

「AIは〝意味〟を理解できない」と新井氏は言う。その理由はAIの仕組みにある。「モーツァルトの最後の、そしてたぶん最も力強い交響曲はこの惑星と同じ名前をしている。この惑星の名前を答えよ」という問題をAIはどう解くか。まず問題文を単語に分解して構文解析を行い、膨大なデータから重要なキーワード(「モーツァルト」「最後」「交響曲」など)を決める。それをウェブ上にあるような大量の情報の中から検索し、キーワードと一緒に現れる惑星の名前があれば、それを答えとして返す。

つまりAIは文を読んでいるのではなく、確率と統計に基づいて検索と最適化を行うというデータ処理をしているだけ。その結果として、答えが「よく当たる場合がある」というのが実態だ。しかも答えの正しさは保証できない。

「AIには常識がない」とも新井氏は言う。例えば「インタビューでやってはいけないことは何か」と尋ねても、AIは答えられない。インタビューで「やること」はデータとして出やすいが、「やらないこと」のデータは集まりにくいためだ。一方で、人は意味を理解し、常識で判断できる。

ＡＩは上手に設計して適切なところに応用すれば機能するが、リアルな社会での常識や文脈に依存するものなどを読み解く力はない。人が鍛えるべきはまさにその力だ。

ところが、ビジネスパーソンの現状は楽観できない。新井氏が開発を主導した、読解力を測るリーディングスキルテスト（ＲＳＴ）の結果分析によると、東証1部上場企業にも、正答率が中学生の平均並み、項目によっては中学生の平均を下回る社員がいるという。

1つの組織内でも職種によって差のあるケースがある。ある病院では読解力が高い順に医師、看護師（大学卒業）、看護師（専門学校卒業）と事務員、介護福祉士（専門学校卒業）となった。医師の指示をそれ以外のスタッフが理解できておらず、指示と異なる処置が悪意なく行われるリスクがある。

職種で差がある例は、製造業や金融業、不動産業などにも見られる。資料やマニュアルが読めないため自分で学ぶことができず、ＡＩに職を奪われても、新しい仕事に移れない事態が今後起こりうる。

懸念はほかにもある。１５歳を対象にしたＰＩＳＡ（ＯＥＣＤ生徒の学習到達度調査）における日本の読解力の順位は、２００６年を底に上昇していたが、１５年は再び下がった。前述した東ロボの成績が高かったのは、裏を返せば、読解力のないＡＩに負けている高校生が多かったということだ。

「教科書をきちんと読めるレベルにある高校生が少ないと聞き、深刻に受け止めている」（経団連副会長の岡本毅・東京ガス相談役）、「読解力のない小・中学生が社会に出たときに、企業はどう対応すればいいのかという不安がある」（嶋本正・野村総合研究所取締役〈前会長〉）と、経済界も危機感を抱く。

■ 読解力の順位は再び低下

—OECD生徒の学習到達度調査（PISA）における日本の順位—

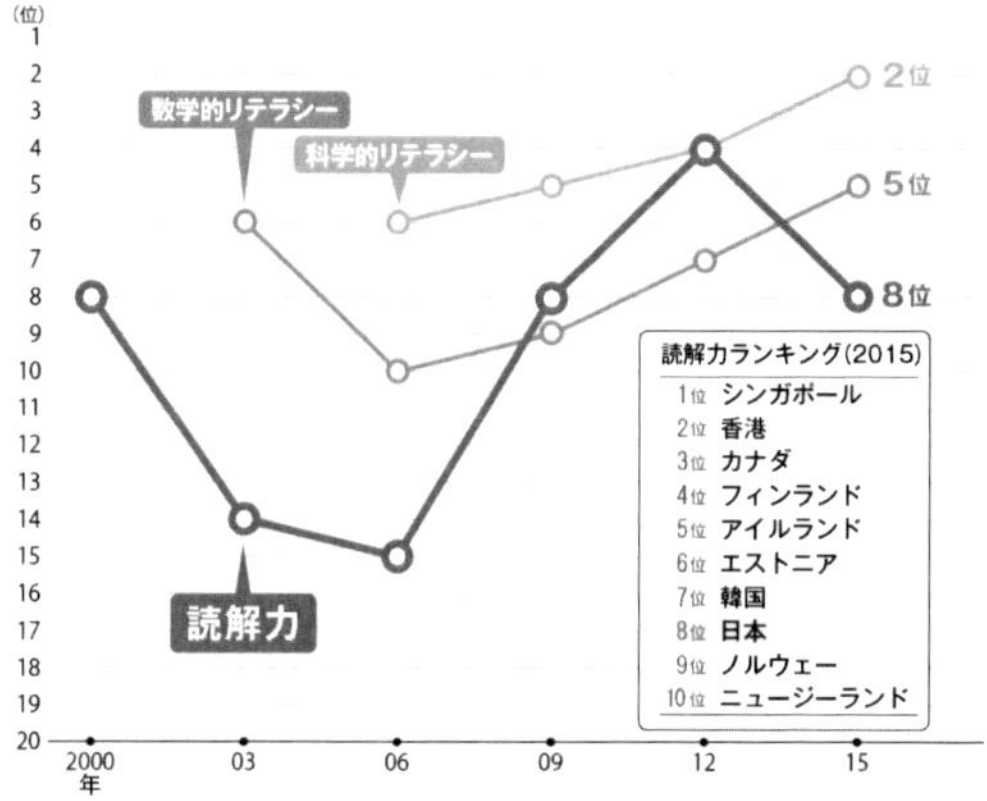

（注）2000年は32、03年は41、06年は57、09年は65、15年は72の国・地域が参加。数学的リテラシーは03年、科学的リテラシーは06年に初めて調査の中心分野になった。15年はコンピューター使用型調査へ移行　（出所）国立教育政策研究所

生産性向上につながる

読解力を鍛えるメリットは大きい。新しいことを自分で学ぶ力やコミュニケーション力が身に付き、生産性向上が期待できる。

その好例が、2019年3月期の営業利益386億円、営業利益率26％と高収益を誇る、半導体製造装置メーカーのディスコだ。同社は独自の管理会計制度を導入。社内通貨「Ｗｉｌｌ（ウィル）」を使い、個人単位で採算管理を行う。例えば、人に仕事を頼むときはウィルを支払い、頼まれた仕事をすればウィルが稼げる。ウィルの残高は賞与の一部に反映される。

ディスコの取り組みの中で、読解力や思考力が問われるものの1つが、業務プロセスの改善提案を対戦形式にした「ＰＩＭ対戦」だ。1分間のプレゼンテーションで競う。提案される内容は、生産現場や物流の効率化、セミナーの運営方法などさまざまだ。

ディスコのPIM対戦は、ほぼ毎日行われている

聴衆は自分がよいと思う提案に、携帯アプリでウィルを賭ける形で投票し（一試合で賭けられる額に上限あり）、合計の投票額で勝敗が決まる。自分が投票した側が勝つと、負けた側に投票されたウィルを原資とした配当が得られる。「賭け」を通じて、社員の積極的な参加が促される仕掛けだ。賭けに勝つには、プレゼンの良しあしを瞬時に見極める必要があり、資料を読み解く力や聞く力が欠かせない。

投票には関家一馬社長の評価も加わる。社長が優れた提案と判断すると、対戦相手に投票されたウィルの一部が評価された側に移り、勝敗に大きく影響する。勝敗は提案した部門の評価にも影響を与えるので、提案者は必死だ。説明をわかりやすくするため、使う言葉の一字一句にこだわる。

ＰＩＭ対戦は国内外の拠点で行われる。１８年の試合数は、社長が参加しないものも含め４８８２に上った。提案から多くの社員が学びを得る。新しい提案をすることで、改善も進み、生産性が上がる。

いずれにしろ読解力を高めるためにまず必要なのは、自分の力を知ることだ。次の章ではＲＳＴの問題を掲載したので、挑戦してほしい。

（中島順一郎）

リーディングスキルテストの問題を解いてみよう

リーディングスキルテスト（ＲＳＴ）は、「事実について書かれた短文を正確に読むスキル」を測るものだ。

Ａ：係り受け解析
Ｂ：照応解決
Ｃ：同義文判定
Ｄ：推論
Ｅ：イメージ同定
Ｆ：具体例同定（辞書）
Ｇ：具体例同定（理数）

の6分野7項目に分類されている。

ここでは7項目にそれぞれ3問ずつ出題(全21問)。各項目とも1問目より2問目、2問目より3問目のほうの難易度を高くしてある(点数の重みは1点～3点)。時間制限はないので、よく読んで解答しよう。

【準備】解答と点数を記録するため、メモ用紙や手帳などを利用して、次図を参考に縦軸にA～Gまでの7項目、横軸に項目ごと①～③の解答・点数欄、また点数合計欄の計4マスを配置した表を作成しておくと便利だ。テストの後には、各項目の合計点数によってRSTの5つタイプに分析した結果を紹介している。自分がどのタイプの傾向を持っているか参考になるはずだ。

リーディングスキルテスト(RST)　解答と点数

	1点	2点	3点		項目ごとの点数
A：係り受け解析	Q1	Q2	Q3	➡	点
B：照応解決	Q4	Q5	Q6	➡	点
C：同義文判定	Q7	Q8	Q9	➡	点
D：推論	Q10	Q11	Q12	➡	点
E：イメージ同定	Q13	Q14	Q15	➡	点
F：具体例同定（辞書）	Q16	Q17	Q18	➡	点
G：具体例同定（理数）	Q19	Q20	Q21	➡	点

文の基本構造を把握する力

【Q1】以下の文を読みなさい。

水にしずむ鉄でできたボルトとナットも、鉄より密度の大きい水銀には浮かぶ。

この文脈において、以下の文中の空欄に当てはまる最も適当なものを選択肢のうちから1つ選びなさい。

・ボルトは（　　　）に浮かぶ。

①水銀　②鉄　③水　④氷

【Q2】以下の文を読みなさい。

真核細胞の呼吸の材料となる有機物は主にグルコースで、細胞に取り込まれると、ミトコンドリアの酵素などによって分解反応が進み、無機物に分解される。

この文脈において、以下の文中の空欄に当てはまる最も適当なものを選択肢のうちから1つ選びなさい。

・（　　）は細胞内で分解される。

①ミトコンドリア　②グルコース　③真核細胞　④無機物

【Q3】以下の文を読みなさい。

適応免疫には、B細胞が抗体と呼ばれるタンパク質をつくって、細胞外の病原体を除去する体液性免疫と、キラーT細胞が直接感染細胞を見つけて殺し、細胞内の病原体を除去する細胞性免疫がある。

この文脈において、以下の文中の空欄に当てはまる最も適当なものを選択肢のうちから1つ選びなさい。

・細胞内で病原体を除去するのは（　　　）である。

① 体液性免疫　② キラーT細胞　③ B細胞　④ 抗体

A：係り受け解析（正答と解説）

【Q1】正答＝①水銀（1点）

「係り受け解析」は、文の基本構造を把握する力を測る。

この問題の主語と述語に着目すると、「ボルトとナット」（鉄）は「水銀には浮かぶ」ので、「水銀」が正答だ。

この文からはさまざまなことを読み取ることができる。「鉄は水銀より密度が小さい」「鉄が水銀に浮かぶのは、鉄の密度が小さいから」ということがわかり、そこから水銀より密度の小さい金属であれば水銀に浮かぶだろう、ということも推論できる。文の意味を正しく理解することにより、単に問題を解くよりも多くの知識を獲得できる。

【Q2】正答＝②グルコース（2点）

提示された文を読み解いていくと、「真核細胞の呼吸の材料は主にグルコースである」「グルコースが細胞に取り込まれると、酵素によって無機物に分解される」という2つのことが書かれている。何が細胞内で分解されるのかが問われているので、正答は「グルコース」である。

【Q3】正答＝②キラーT細胞　（3点）

提示された文には、適応免疫にはB細胞が関わる体液性免疫と、キラーT細胞が関わる細胞性免疫の2つがあることが書かれている。このうち、細胞性免疫ではキラーT細胞が細胞内の病原体を除去するとあるので、正答は「キラーT細胞」である。

【点数のつけ方】Q1が正答なら1点、Q2が正答なら2点、Q3が正答なら3点を合計した点数が、「A：係り受け解析」の点数となる。以下の項目の解答も同様。

代名詞などが指す内容を認識する力

【Q4】以下の文を読みなさい。

腸内には多くの常在菌が生息している。大腸内の細菌は総重量1・5kgにもなり、排泄される糞便も、その50％は細菌やその死骸である。

この文脈において、「その50％」の「その」は何を指すか。最も適当なものを1つ選びなさい。

①　腸内　②　常在菌　③　大腸　④　糞便

【Q5】以下の文を読みなさい。

アッシリア人は、紀元前19世紀には領土を広げたが、ミタンニや「海の民」などの脅威にさらされ、盛衰を繰り返した。しかし、オリエントの諸民族が混迷を深める中で、紀元前9世紀ごろから、鉄製の武器と戦車を装備し、新たに騎馬隊も組織して勢力を伸ばした。

この文脈において、以下の文中の空欄に当てはまる最も適当なものを1つ選びなさい。

・紀元前9世紀ごろから勢力を伸ばしたのは（　　　）である。

① アッシリア人　② ミタンニ　③ 海の民　④ オリエントの諸民族

【Q6】以下の文を読みなさい。

紀元前3世紀ごろ、ギリシャ人のユークリッドは、それまで知られていた図形の性質を『原論』という本に整理してまとめた。そこでは、少数のごく単純な性質から出発し、順を追って、数多くのより複雑な性質を導いていくという方法がとられた。

この文脈において、「そこ」は何を指すか。最も適当なものを1つ選びなさい。

① ギリシャ　② ユークリッド　③ 図形の性質　④ 原論

B：照応解決（正答と解説）

【Q4】正答＝④糞便（1点）

「照応解決」は代名詞などが指す内容を認識する力を測る。「その」は繰り返しを避けるための指示語である。この文では、「その50％」の「その」は直前に出てくる「糞便」を指している。

では次に出てくる「その死骸」とは何の死骸を指しているのか。それは「細菌」だ。

【Q5】正答＝①アッシリア人（2点）

「しかし～」とある2文目は主語が省略されており、この問題では主語が何であるかが問われている。1文目から意味を確認しながら読むと、「アッシリア人」がミタンニや海の民の脅威にさらされつつも、オリエントの諸民族が混迷を深める中で勢力を伸ばしたことがわかる。

【Q6】正答＝④原論　（3点）

「そこ」では、ごく単純な性質から出発し、複雑な性質を導いていく方法がとられたとあるが、「そこ」が何を指しているのかを問うている問題だ。前の文を読むと、ギリシャ人のユークリッドが図形の性質を『原論』という本にまとめたとある。

2つの文の意味が同一かどうかを判定する力

【Q7】 以下の文を読みなさい。

乗客と一緒に貨物も運ぶ取り組みは「貨客混載」と呼ばれる。道路運送法では「少量貨物」に限り、輸送業の許可なしで貨物の輸送を認めている。

右記の文が表す内容と以下の文が表す内容は同じか。「同じである」「異なる」のうちから答えなさい。

乗客と一緒に貨物も運ぶ取り組みは「貨客混載」と呼ばれる。道路運送法では、貨物の輸送に輸送業の許可が必要になるのは、「少量貨物」以外の場合であると定められている。

① 同じである　② 異なる

【Q8】以下の文を読みなさい。

仮言命法とは「もしXを得たならばYせよ」というように条件付きの命令であり、Xという条件がなくなれば、その命令は意味を失う。

右記の文が表す内容と以下の文が表す内容は同じか。「同じである」「異なる」のうちから答えなさい。

仮言命法とは「もしXを得たならばYせよ」というように条件付きの命令であり、その命令が意味を持つのは、Xという条件があるときだけである。

①　同じである　　②　異なる

【Q9】以下の文を読みなさい。

水中で生活するセキツイ動物は泳ぐのに適した体形と体表の形態をしている。

右記の文が表す内容と以下の文が表す内容は同じか。「同じである」「異なる」のうちから答えなさい。

・泳ぐのに適した体形と体表の形態をしたセキツイ動物はすべて水中で生活する。

①　同じである　　②　異なる

C：同義文判定 （正答と解説）

【Q7】正答＝①同じである　（1点）

「同義文判定」は、2つの文の意味が同一かどうか判断する力を測る。

この問題では、最初の1文がどちらも同じなので、後半部分に着目して同義かを判断する。「少量貨物に限り、許可がなくても輸送できる」のと、「少量貨物以外は許可が必要になる」は同じであると判断できる。

【Q8】正答＝①同じである　（2点）

この問題では対偶を理解できているかが問われている。対偶とは「AならばBである」と「BでなければAでない」の関係のことで、この2文は同義である。例えば、「人間はほ乳類である」と「ほ乳類でなければ人間ではない」は同義だ。

それを踏まえてこの問題を確認すると、「Xという条件がなくなると、命令は意味を失う」と「命令が意味を失わないときは、Xという条件がある（＝Xがなくなることはない)」は同じ意味だ。

【Q9】正答＝②異なる　(3点)

「水中で生活するセキツイ動物」は「泳ぐのに適した体形と体表の形態をしている」のと、「泳ぐのに適した体形と体表のセキツイ動物」は「すべて水中で生活をする」というのは意味が異なる。泳ぐのに適した体形と体表のセキツイ動物の中には、水中で生活しないものもいると考えられるからだ。

基本的な知識と常識から、論理的に判断する力

【Q10】以下の文を読みなさい。

細胞に見られる細胞小器官は、それぞれ独自の働きを持っている。これは細胞小器官ごとに特定の酵素が存在していることによる。

右記の文に書かれたことが正しいとき、以下の文に書かれたことは正しいか。「正しい」、「間違っている」、これだけからは「判断できない」のうちから答えなさい。

・違う種類の酵素であっても、働き方は同じである。

① 正しい　② 間違っている　③ 判断できない

【Q11】以下の文を読みなさい。

農業の機械化が進むと村に人手が余るようになり、働く場を求めて多くの若者が農村から都市に出ていった。

右記の文に書かれたことが正しいとき、以下の文に書かれたことは正しいか。「正しい」、「間違っている」、これだけからは「判断できない」のうちから答えなさい。

・機械化によって比較的人手をかけずに農業ができるようになった。

① 正しい　② 間違っている　③ 判断できない

【Q12】以下の文を読みなさい。

アミラーゼという酵素はグルコースがつながってできたデンプンを分解するが、同じグルコースからできていても、形が違うセルロースは分解できない。

右記の文に書かれたことが正しいとき、以下の文に書かれたことは正しいか。「正しい」、「間違っている」、これだけからは「判断できない」のうちから答えなさい。

・酵素によって分解できるかどうかは、物質が何からできているかによって決まる。

① 正しい　② 間違っている　③ 判断できない

D：推論　（正答と解説）

【Q10】正答＝②　間違っている　（1点）

「推論」は、基本的な知識と常識から論理的に判断する力を測るものだ。

この問題は、2文目の「細胞小器官ごとに特定の酵素が存在している」のが原因であり、1文目の「細胞小器官は、それぞれ独自の働きを持っている」が結果となっている。つまり細胞小器官の働き方の違いは酵素が違うことに由来しており、酵素が違う場合は働き方が同じとはいえない。

【Q11】正答＝①　正しい　（2点）

機械化が進んだことによって、人手をかけずに農業を行えるようになったため、村に人手が余るようになったと推論できる。

【Q12】正答＝②　間違っている　（3点）

デンプンもセルロースもグルコースがつながってできている。にもかかわらず、アミラーゼ（酵素）はデンプンを分解できるが、形が違うセルロースを分解することはできない。つまり分解できるかどうかは、何からできているかでは決まらない。

文と非言語情報（図表など）を正しく対応させる力

Q.13

以下の文を読み、世界の人口組成を表す図として適当なものをすべて選びなさい。

世界の人口は、アジアに6割が集中しており、アフリカと南アメリカを加えた3地域では、8割にも及ぶ。

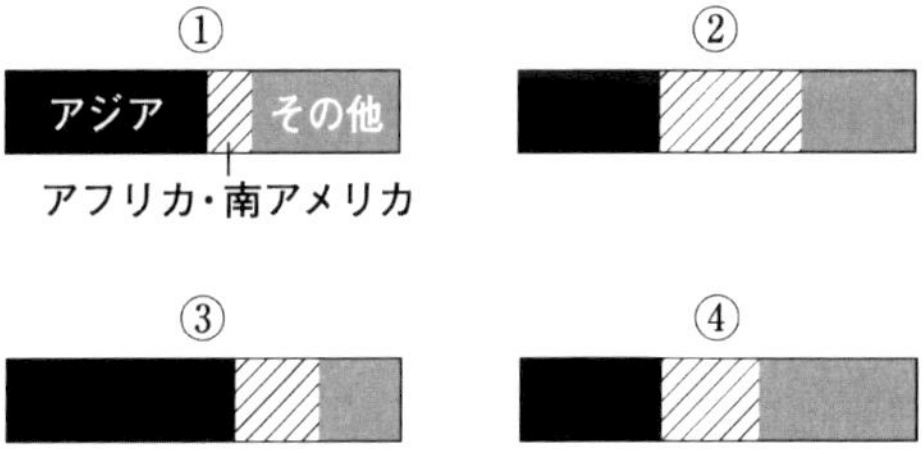

Q.14

以下の文を読み、比較的雪の量が少ない地域のうち、角餅を食べている地域だけを塗り潰して示した図として適当なものをすべて選びなさい。

冬に降る雪の量は、太平洋側よりも日本海側のほうが多くなる。電気の周波数は、東日本は50ヘルツで、西日本は60ヘルツである。また、正月の雑煮に使われる餅の形は、東日本では「角餅」、西日本では「丸餅」が多く見られる。

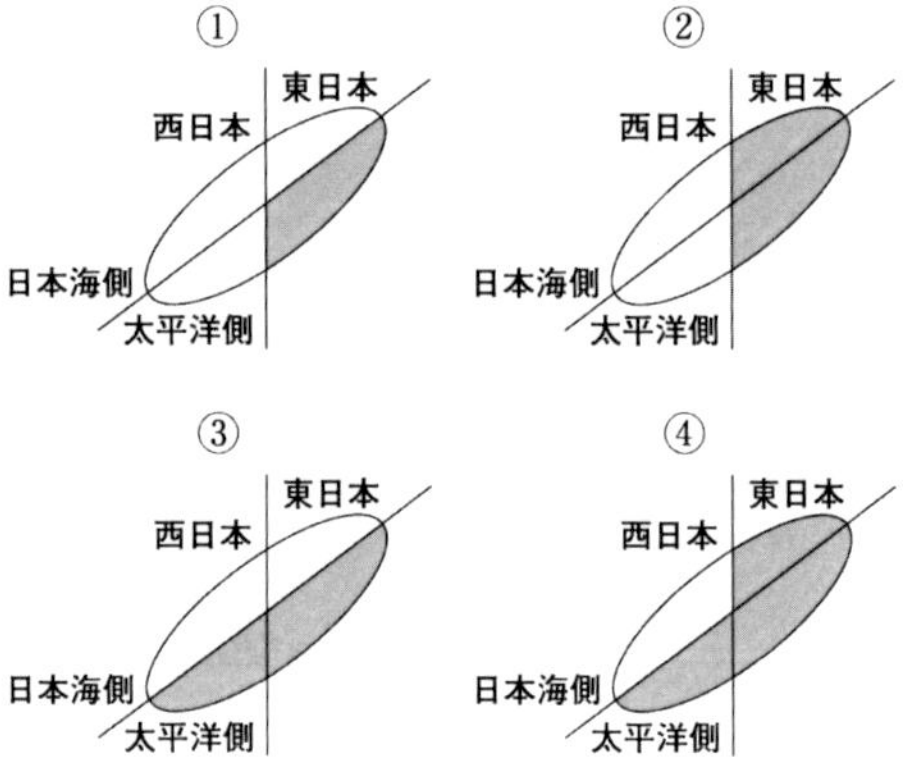

Q.15

以下の文を読み、1960年代の日本の人口ピラミッドの概形を表す図として適当なものをすべて選びなさい。

日本の人口ピラミッドは、1930年代には年齢の低い子どもほど数が多い「富士山型」の特徴を示してきたが、1960年代になると子どもの数とお年寄りの数の差が「富士山型」よりも小さい「釣り鐘型」となり、2010年ごろになると、子どもの数が少なくなり、お年寄りの数が多い「つぼ型」へと変わってい

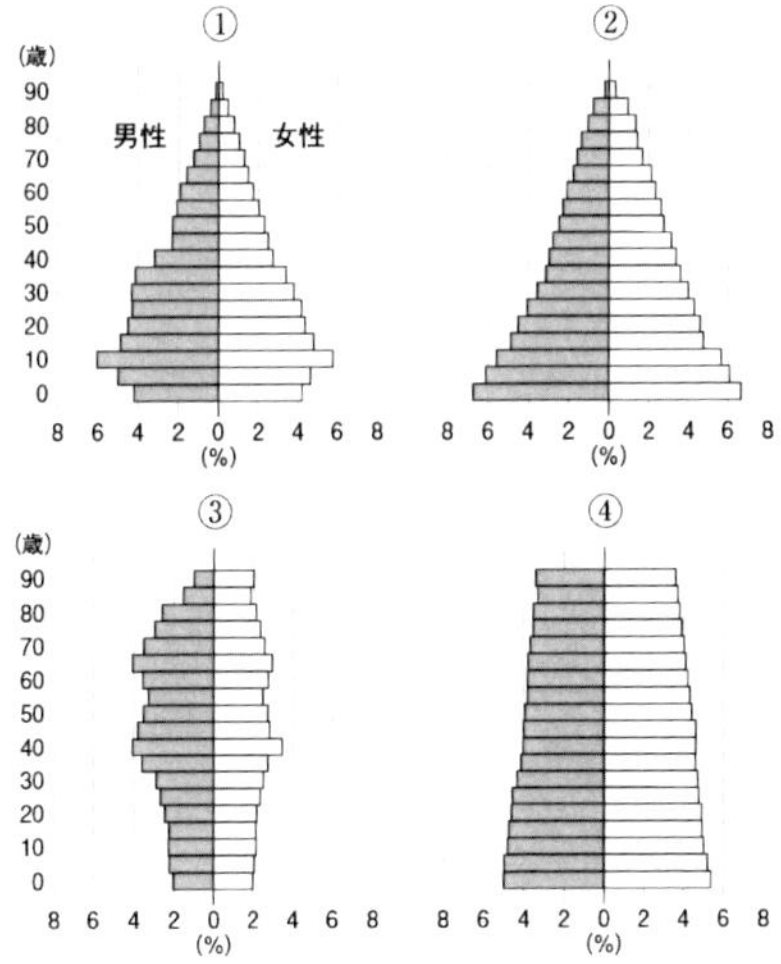

E：イメージ同定　（正答と解説）

【Q13】正答＝③　（1点）

「イメージ同定」は文と図表などを正しく対応させる力を測る。

この問題では、世界人口の6割がアジアに集中しており、それにアフリカと南アメリカを加えると8割になると書いてある。つまり6割、2割、2割と区分されていることになる。この人口分布になっているのは、③だけである。

【Q14】正答＝①　（2点）

図は日本列島を東と西（右半分と左半分）、日本海側と太平洋側（上半分と下半分）に4分割している。雪が少ないのは太平洋側（下半分）で、角餅を食べるのは東日本（右半分）。つまり、太平洋側かつ東日本が塗り潰されている①が正答である。

【Q15】正答＝①　（3点）

1930年代は年齢の低い子どもほど数が多い「富士山型」で、その後、1960年代になると子どもとお年寄りの数の差が「富士山型」よりも小さい「釣り鐘型」になったと書いてある。ここから子どもの数よりお年寄りの数が多い③は該当しないことがわかる。

④は「釣り鐘（頂上部分がとがり気味）型」ではないので、該当しない。残るは①と②だが、②は年齢の低い子どもほど数が多くなっているため「富士山型」と判断でき、①は年齢の低い子どもほど数が多いとはいえず（10歳未満が減少）、形も釣り鐘に近いので①が正答になる。ちなみに2010年代の「つぼ型」は③になる。

定義を読んでそれと合致する具体例を認識する力

【Q16】以下の文を読みなさい。

人間が欲望を満たすために、生活に必要な物資など（財・サービス）を使うことを消費という。

「消費」に当てはまるものを選択肢の中からすべて選びなさい。

①学生が大学に通って教育を受けること。
②出張に行ってビジネスホテルに泊まること。
③ピアノを使って曲を演奏すること。

④ 暑いときや寒いときにエアコンをつけるために電力を使うこと。

【Q17】 以下の文を読みなさい。

ある者がほかの者に対して一定の行為を請求しうることを内容とする権利を債権といい、財産権の1つである。例えば、お金を貸した人が借りた人に対して、お金の返済を請求できる権利は債権である。

「債権」に当てはまるものを選択肢の中からすべて選びなさい。

① 友達に貸した本がなかなか返ってこない。早く返してほしい。
② 今月の給料が支払われない。きちんと払ってほしい。
③ 提出期限になっても、なかなか宿題を提出しない生徒がいる。早く提出してほしい。
④ 友達に借りた金を月末まで返さなくてはならない。

【Q18】以下の文を読みなさい。

動物の音声や物体の音響を言語音によって表した語を擬音語、事物の状態や身ぶりなどの感じをいかにもそれらしく音声に例えて表した語を擬態語という。擬音語には「ワンワン」「ガサゴソ」などがあり、擬態語には「わくわく」「ポカン」などがある。

「擬態語」が用いられている例を選択肢の中からすべて選びなさい。

①彼女はいつもテキパキと仕事をこなす。
②母親が亡くなった後、彼はしばらくぼんやりと時を過ごした。
③熊よけの鈴がコロコロ鳴った。
④彼がやってきたのは、じとじとした梅雨の夕方のことだった。

F：具体例同定（辞書）（正答と解説）

【Q16】正答＝①②④（1点）

①学生が大学に通って教育を受けること。
②出張に行ってビジネスホテルに泊まること。
④暑いときや寒いときにエアコンをつけるために電力を使うこと。

「具体例同定（辞書）」は、辞書由来の定義を読んで、それと合致する具体例を認識する力を測る。

この問題では、欲望を満たすために財・サービスを使うことが消費であると定義されているので、それに沿ってチェックしていく。

大学に通って教育を受けることは、学びたいという願望をかなえる目的で、大学に授業料を支払うので消費といえよう。出張でビジネスホテルに泊まることも当然宿泊費を支払う消費である。暑いときや寒いときにエアコンをつけるために電力を使うことも、電気料金を支払ってサービスを使うことなので、これも消費に該当する。
一方、選択肢③のピアノの演奏は、財・サービスを使うことではないので消費に該当しない。

【Q17】正答＝①②　（2点）
① 友達に貸した本がなかなか返ってこない。早く返してほしい。
② 今月の給料が支払われない。きちんと払ってほしい。

①の「友達に貸した本」に関しては債権である。債権の例として、貸したお金の返済を請求できる権利とあるが、定義に立ち返ると「一定の行為を請求しうること」「財産権の一つ」とあるので、借金の返済以外にも当てはまるとわかる。②の「支払われない」「給料」も、給料を払うように請求できる権利であり、財産なので債権である。
③の「宿題」は、教師が生徒に宿題を提出するように請求できる財産ではないので、債権ではない。④の「友達から借りた金」も、友達にとっては債権だが、借りた側に

とっては債権ではない。

【Q18】 正答＝①②④（3点）

①彼女はいつもテキパキと仕事をこなす。

②母親が亡くなった後、彼はしばらくぼんやりと時を過ごした。

④彼がやってきたのは、じとじとした梅雨の夕方のことだった。

選択肢に出てくる擬態語または擬音語は、①「テキパキ」、②「ぼんやり」、③「コロコロ」、④「じとじと」である。

①の「テキパキと仕事をこなす」、②の「ぼんやりと時を過ごした」は、状態を表しているので擬態語である。③の「鈴がコロコロ鳴った」は、鈴の音を言語音で表した擬音語。④の「じとじとした梅雨」は、じとじとと音がするわけではないので擬態語である。

定義を読んでそれと合致する具体例を認識する力

【Q19】以下の文を読みなさい。

1とその数以外の約数を持つ整数を合成数という。

合成数の例として正しいものを選択肢からすべて選びなさい。

①1　②2・2　③0・6　④9

【Q20】以下の文を読みなさい。

赤玉3個、青玉2個、黄玉1個が入っている袋から玉を取り出し、色を確かめてから

袋に戻す。このような試行を最大3回まで繰り返す。ただし、赤玉を取り出したときは以後の試行を行わない。

玉の取り出し方の組み合わせとしてありうるものを、以下の選択肢の中からすべて選びなさい。

①（黄玉、黄玉、赤玉）の順番で玉を取り出した。
②（黄玉、赤玉、青玉）の順番で玉を取り出した。
③（青玉、赤玉）の順番で玉を取り出した。
④（青玉、黄玉、青玉、赤玉）の順番で玉を取り出した。

【Q21】以下の文を読みなさい。

正の整数を自然数という。また、不足数とは、その約数の総和が元の数の2倍より小さい自然数のことである。

「不足数」に当てはまるものを選択肢の中からすべて選びなさい。

① 0　② 1　③ 3　④ 6

G：具体例同定（理数）（正答と解説）

【Q19】正答＝④ 9 （1点）

「具体例同定（理数）」は、理数系の教科書由来の定義を読み、それと合致する具体例を認識する力を測る。

約数については小学校5年生で学ぶ内容だ。1は1以外に約数を持たず合成数ではない。2・2、0・6は整数ではない。9の約数は1、3、9であり、1と9以外に約数を持つので合成数である。

【Q20】正答＝① ③ （2点）

①（黄玉、黄玉、赤玉）の順番で玉を取り出した。

③（青玉、赤玉）の順番で玉を取り出した。

問題を解くうえで注意すべき点は、「取り出した玉の色を確かめてから袋に戻す」「最大3回繰り返す」「途中で赤玉が出たら試行をやめる」の3つの条件である。

①は条件に合致する。②は、赤玉が出た後も試行を続けているので、組み合わせとし

て正しくない。③は2回目に球を取り出したときに赤玉であったため、そこで試行をやめているので条件に合致する。④は試行を4回繰り返しているので、条件に合致しない。

【Q21】正答＝②1 ③3 （3点）

不足数という言葉を初めて目にする読者も多いと思うが、きちんと定義を読めれば解答できる。

①「0」は自然数ではないので不足数ではない。

②「1」は、約数の総和が1、1を2倍にすると2なので不足数。

③「3」は、約数の総和が1＋3＝4、3を2倍すると6であるため、約数の総和が元の数の2倍より小さい。よって不足数である。

④「6」は、約数の総和が1＋2＋3＋6＝12、6を2倍にすると12。約数の総和が元の数の2倍と同じなので不足数ではない。

以上で全21問は完了。テストの冒頭にお薦めしたように、各問いの正答チェックと7項目の点数合計がまとまったら、タイプ別分析で自分の特徴をつかもう。

あなたはどれに当てはまる？

ＲＳＴのタイプ別分析

ＲＳＴの有償版を受検した１１万人のデータを分析した結果、特徴的なタイプに分類されることがわかっている。代表的なものが以下の５パターンだ。なお、この５つのどれにも当てはまらない人もいるが、重要なことは自分はどの分野が弱いのかを知ることだ。

【ケース①】Ａ・Ｂ・Ｃのすべてが3点以上で、Ｄ・Ｅ・Ｆ・Ｇの2つ以上が1点以下の場合

【前高後低型】活字を読むのが好きで、知的好奇心もあるが、理数系やコンピューターに苦手意識を持ちやすい。〝ＭＡＲＣＨ〟や〝関関同立〟クラスの有名私立大学文系にも少なからずいる。新しいテクノロジーを論理的に根本から理解する自信が持てない。

（注）〝MARCH〟は明治大学、青山学院大学、立教大学、中央大学、法政大学、〝関関同立〟は関西大学、関西学院大学、同志社大学、立命館大学を指す。

【ケース②】Ａ・Ｂ・Ｃのすべてが３点以上で、Ｄ・Ｅ・Ｆ・Ｇのどれかが１点以下の場合

【全分野そこそこ型】まじめかつ優秀でそれなりに論理的。自学自習をして、地元の国立大学に進学、または都市圏の有名私立大学に合格できた人。組織内で頼られる人材だが、優秀であるがゆえに、多忙に陥ることが少なくない。基本的には自力で能力を伸ばす力があるので、リーディングスキルを磨こう。

【ケース③】Ａ・Ｂのどちらかが１点以下の場合

【中学生平均レベル】中学生の平均と同じレベル。テレビや動画でないと情報が頭に入ってこない。「センター試験＋記述式２次試験」を課す国立大学に入学するのは困難で、ＭＡＲＣＨレベルも一般入試で入学するのは難しい人。本人は読んでいるつもりでも、読めていないのでミスが頻発する。

【ケース④】Ａ・Ｂのどちらかが１点以下で、Ｆ・Ｇのどちらかが６点満点の場合

【前低後高型】国語教員や文学部出身者（具体例同定〈辞書〉の場合）、数学教員や理数系の特殊な教育を受けた人に限られる。読めていないのに知識で解いている。

【ケース⑤】Ａ・Ｂ・Ｃ・Ｄ・Ｅ・Ｆ・Ｇのすべてが６点満点の場合

【すべて満点型】上位１％未満で、基礎的・汎用的読解力を有する。２１世紀の知識基盤型社会を生き抜ける人材。

Interview

読解力のない
経営者や社員は
会社を潰すリスクがある

国立情報学研究所 教授

新井紀子

INTERVIEW

読解力のない経営者や社員は会社を潰すリスクがある

国立情報学研究所　教授・新井紀子

読解力を向上させるために、何をすればよいか。ＲＳＴ（リーディングスキルテスト）の研究開発を主導した新井紀子・国立情報学研究所教授に聞いた。

――社会人の読解力の現状について、どう分析していますか。

分散が大きいというのがＲＳＴで調査した実感だ。東証1部上場企業の中でも、中学生の平均を下回る人がいる一方で、圧倒的な速さで正確に読める人もいる。一組織の中でもそうとう能力の分散が大きいという印象を持っている。

――読解力がないことで、どんな問題が起こるのでしょう。

読解力がない人では仕事にならない状況が生まれてきており、これからもっと厳しくなる。20世紀後半には「この帳票が来たらこう処理する」といった、読解力が高くなくてもこなせる仕事が大量にあった。教育のあり方にしても、サイロ型（縦割り構造）の組織にしても、垂直統合型（設計から製造まで手がける）ビジネスにしても、20世紀後半には最適だった。

ところが21世紀に入って、AI（人工知能）などのテクノロジーが急速に進展し、社会の求める最適解が変わってしまった。デジタライゼーションによって、人がやっていた読解力のいらない仕事が突然なくなるということが起こる。

遺産が重い日本企業

今のベンチャーは、ITの最適化を前提に起業していると思う。例えば、仮想通貨「リブラ」を発表した米フェイスブックが、銀行のような業務を始めた場合、信用力なども「ＡＩで見ましょう」となり、それを前提に事業を組み上げるので人をほとんど雇わないだろう。

一方、日本のメガバンクや地方銀行は、大量に人を抱えていたり、サイロ型だったり、システムが古かったりする。帳票を前提にした処理で、手数料を受け取るビジネスをしているところに「２４時間３６５日取引可能」「手数料ゼロ」みたいなサービスを展開されたら対抗できない、ということが十分に起こりうる。

日本企業は雇用や今までの成功など、レガシー（遺産）が非常に重い。ベンチャーや新興国のほうが立ち上げを早くできて、早く最適化につなげていくだろう。

私はこうした話を誰かに聞いたわけではない。だが、水は高い所から低い所に流れていくのと同じで、当たり前にそう思える。自分で考えられる人は強い。

――フェイスブックのような企業に対抗していくためには、最新のテクノロジーをきちんと理解しておく必要もありますね。

そうだ。ただし、「ブロックチェーンとは何だろう」と思ったときに、文系の人はネットニュースを見たり講演会に参加したりして学ぼうとする。でもネットニュースや講演会になる頃にはすでにみんなが知っていて遅すぎるし、紹介記事などを読んでも本当の技術はわからないということになる。

ビットコインの原論文は9ページで、数学的には難しくない。数式自体はわからなくても、論理構造を追えればだいたい理解できるが、それが読めないとなると紹介記事を読むしかなくなる。読解力のないサインといえる。

自分の専門分野ではなかったとしても、原典に当たって、「これはこういうことか。であれば、こういうことが起こるはずだ」という計算を自分でできるかが非常に重要だ。定義に当たって読む力は、今後のリテラシーとして大事になってくると思う。

──企業に危機感はある？

RSTの受検は広がっていきそうだが、どの企業も自社の志望者や社員に受検させることについてあまり言いたくないという。採用試験に使うと究極の青田買いになるかもしれないからだ。SPI（適性検査）と違って、対策してもできるようにならない。読めるようになることが最大の対策だ。

読めない人を採用すると、トラブルが増えて、その部署のやる気がそがれる、多忙になって働き方改革に逆行する、といったことが起こると考えられる。そしてトラブル対応には必ず有能な人がつぎ込まれる。そうすると有能な人が燃え尽き症候群のようになったり転職したりして、読めない人がどんどん社内に蓄積する。そうした直感が企業にはある。

（2019年7月に開催された）経団連の夏季フォーラムで話したとき、「採用試験でスクリーニングをしないといけないのか」「OJT（職場内訓練）で何とかなるのか」といった質問がたくさんあって、予定の時間をオーバーした。

コンプライアンス（法令順守）についても、今までは「いいかげん」とか「まじめ」とか性格に起因する問題だと思われていた。「そうではなくて、コンプライアンス研修を受けたときに、その資料が読めるかどうかだ」と私が言うと、びっくりする人が多い。「優秀な学校を出ているのに、こんなに読めないのか」と。

――読めるようにするには、どうすればよいのでしょう？

ＲＳＴで自分が思ったほどできていないと、ショックを受ける人が多い。でも読めなかった原因について、思い当たるフシがおそらくあるだろう。それを受け入れて、気をつけようと思えるかが重要だ。具体例同定（辞書）の力を鍛えるために「辞書を読んで考えてみよう」とか、イメージ同定ができるように「この図の説明をしてみよう」とか、自分の弱かった分野を１日１０～１５分くらいやってみるだけで違ってくる。

数学も定義の理解でよい

『週刊東洋経済』の読者だと、おそらく「前高後低型」（活字を読むのが好きで、知的好奇心もあるが、理数系やコンピューターに苦手意識を持ちやすい人）が多いと思う。ＡＩやブロックチェーンの文書を見ると、何となく避けたい気持ちになる。でもそれが読めるようになると、ランクが１つ上の人材になれる。数学を学ばないといけないというのではなく、数学の定義が読めさえすればよいと思えば、気がすごく楽になるはずだ。

――理系の人は何をする必要がありますか。

やっぱり仕様書が読めるようにならないとダメだ。仕様書には細かい説明がたくさん書いてあるが、どんなシステムを組み上げようとしているのかを読み解けない人が多い。「このシステムはこういう目的で作られ、ユーザーがこういうことをしたときに、こういうことが起こる」と判断するのが「イメージ同定」だ。

仕様書は必ずしも完璧にできているわけではない。漏れがあったときにどう対応するか。わからないことを聞いてくれればまだいいが、ダメな人はわからないまま適当に実装する。そうすると、おかしなものができてしまう。

「7pay（セブンペイ）」（セブン&アイ・ホールディングスのスマートフォン決済システム）の不正アクセス問題は、まさにそうだった。もともとはクーポン配布などのためのアプリで、決済機能を想定していない。決済機能を付加するときに、どんな問題が起こるかをもう少し考えないといけないのに、統括している人もその部下も実装した会社も気づかなかった。「ロジカルに考えると、こういう乗っ取りができる」と誰も言わなかったというのは、非常に興味深い事象だ。

――まさに読解力がなかった。

そう思う。社員などがきちんと気づいて言えないといけないし、それを聞いてブレーキをかける経営者の判断力も求められる。読解力のない経営者や社員がいると、会社を潰してしまうリスクがある。それくらい重要なことだ。

20世紀後半は、企業の体が軽かったので、ほかの企業の商品を分解し、コストを削減して発売すれば、それなりに売れた時代だった。

だが日本の高い人件費で作ったモノが売れる時代はとうに終わった。コトを売らないといけないが、コトはまねができない。モノと違って進化し続けなければならないからだ。「テクノロジーがあるからこういうことができるんじゃないか」というものを、リアルな世界で見つけないといけない。

少し専門的になるが、シンタックス（構文論。言語の意味ではなく文中における語の配列や語順などを扱う分野）と、セマンティクス（意味論）というものがある。面白いことに、ＡＩに「太郎は男の子ですか、女の子ですか」と聞いても、太郎が何かがわからない。実は太郎は人間ではなく、犬の名前だったということもある。セマンティクス、つまりリアルの社会やそこでの常識、文脈などに依存するものをＡＩは理解できない。

――コトはセマンティクスだと。

そうだ。ただ、コトを生み出すときにむちゃなことを考えるとだいたい失敗する。

私は、日本の自動車メーカーが完全自動運転を目指すのは過剰投資だと思う。製造物責任を負える完全自動運転を世界中で実現するためには、半端ではない量のデータを取らなければいけない。日本で取ったデータを基にバンコクで走らせられるかといったら、統計的にまったく別物なので無理だ。

では汎用的なモノはあるかといったら、それは統計と確率ではなく、画像処理でセンターラインを検出するとか、もっと本質的なことをやることになる。でもセンターラインがない道路は世界中にたくさんある。自動運転を機能させるための条件がたくさんある車を、消費者が本当に買うのか。

「イメージ同定」が必要

私が日本でやるとしたら、ドライビングの範囲を超えるような動きがあったときに、すぐに運転の主導権を奪って路肩に止まり、緊急連絡先に連絡する自動運転にする。高齢ドライバーによる交通事故などの社会課題を解決できる。

経営者が過剰投資でも過小投資でもない落としどころを決められるようにするには、自分で少し投資をしてみるなどして、〝できること〟と〝できないこと〟を見極める鑑識眼を養わないといけない。

そしてエンジニアも、どういった製品がどのように売れるのか、どこを落としどころにするのかを考えないといけなくなっている。

――そこも含めて読解力と考えてよいのでしょうか。

私はイメージ同定、つまりセマンティクスにつなげることだと思っている。例えば、あるニュースが出たときに、それがどこまで広がって、どこまでは広がらないのか。どこまで推論でどこからがファンタジーなのかの区別をつけられるのが、RSTの推論が効くところ。「AIがすごく流行している。じゃあシンギュラリティー(AIが人間の知能を超える転換点)が到来する」というのは、ファンタジーだ。

――日本人の読解力を高めるためには、学校教育も重要ですね。

読解力が落ちたというと、「国語の教育がいけないのか」となるが、そうではない。教育の一丁目一番地は全科目の教科書を読めるようにすること、つまり生きていくうえで必要不可欠な読解力を小学校、中学校、高校で身に付けさせることだ。

学校も国語、数学、理科のようにサイロ型になっていて、科目を横断するような基盤的な読解力というものを実はどの科目も見ていなかったと思う。

国語の授業では、辞書の使い方は言葉の引き方しか教えない。例えば「増加」の意味は「数量が増えること」と書かれている。でも多くの子どもは「増えること」だと思っているから、「体温が増加する」「水位が増加する」と使う。どちらも数量ではないから「上昇する」が正しい。「数量」と「増える」の両方をチェックする辞書の読み方は、どの学年でも教えてこなかった。

数学の定義についても作法が身に付いていない。小学6年生だと具体例同定の辞書も理数も正答率は30%を切るぐらい。中学校で定義がたくさん教科書に出てくると、暗記に走ってしまうということなのだろう。

——小学校低学年が大事?

中学年で差が出る。小学校入学時点では家庭のバックグラウンドで語彙の量がまったく違うし、発達段階にも差がある。

それは当然だと思うが、3~4年生で抽象的な概念がだんだん出てきたときに混乱が始まる。今まで80~90点を取っていたのに突然60点を取ると、親御さんはびっくりして「塾に入れよう」という話になる。塾に入っても読み方の指導はなく、プリント学習によって80点ぐらいに戻ると安心する。

プリント学習は「AI読み」を助長する。「徳川家光」といったら「参勤交代」「鎖国」とキーワードが出てくるが、それはAIでもできる。鎖国のときになぜオランダを除いたのか、当時の情勢はどうだったのかを考えることがないと、AIには勝てない。

読解力が地方創生のカギ

――地方の名門高校の復権が必要ともおっしゃっていますね。

バランスのよい日本の成長を考えると、東京一極集中ではダメだと思う。国会議員を含めて地方からちゃんとした人が出たり、地方議会がきちんと成り立って意思決定をしたりしていかないと、地方創生にならない。

では、その人材はどこから生まれるのか。地方の名門高校だ。そこから東京大学や京都大学に入って、最先端のことを勉強してUターンしてほしい。そういう人が地方の魅力を売る。福岡で作った商品をタイやシンガポールのお金持ちに売る、といったビジネスをつくれる人間が各地方に出てくると、所得が増えていくと思う。

そのためには1~2番手校の東大進学率を絶対に上げないといけないが、ずっと低落している。実際、地方のかつての1番手校におけるRSTの成績は低い。読む力がないのだろう。

――それは地方の高校生の読解力が落ちたのでしょうか。

データはないが、昔の東大への入学者数から考えると、落ちたのだろう。それは、地方の小・中学校の授業における読解への取り組みが衰えたからで、プリント学習が広がったせいだろうと思っている。

東大、京大といえども教科書に書かれていないことは基本的に入試には出ない。読解力を磨けば入れる。塾がないとダメという話はおかしい。東大や京大にとっても、地方の高校から学生がたくさん入学するメリットは大きい。

日本をよくするためには、よい人に教員になってもらうことも重要だ。それには教員の働き方を改善しないといけない。親からの電話はコールセンターに回すとか、部活動をなくすとか、学校の中で全部やるのではなく、読解力を高める授業を考案したり、研究授業をしたりする時間を十分に取れるようにする必要がある。

（聞き手・中島順一郎）

新井紀子（あらい・のりこ）

一橋大学法学部、米イリノイ大学数学科を卒業。イリノイ大学5年一貫制大学院を経て東京工業大学で理学博士号取得。専門は数理論理学。

現代文のカリスマが指導

論理の基本ルールを学ぼう

現代文講師　水王舎 代表取締役・出口 汪

文章を理解するには「筆者の意識」に沿った筋道で読むことが不可欠だ。筆者の立てた筋道を追うことによって、伝えたいことを正確に読み取る力が読解力である。そのために必要なのは、「他者意識」を持つことだ。文章の読み手は不特定多数の他者であり、書き手は誰が読んでも理解できるように、自分の主張を展開する。一見、感覚的に思われる文学作品も、論理的に構成されている。

読み手はその筋道を筆者の意識＝他者意識で追わなければならないのだが、それをわかっていない人が多い。読解力のない人は無意識に自分勝手な解釈をしてしまう。それではどんな本を読んでも、自分の世界が広がっていかない。

そもそも日本人は他者意識を持ちにくい。それは言語の中に表れている。会話において、例えば英語では「I don't like ～」のように、話し始めですぐ主語と述語、肯定文か否定文か、疑問文かを判断できる。他方、日本語は主語が省略されたり、末尾の述語まで聞かないと何を主張したいのかがわからなかったりする場合がある。それでも「これは肯定文？　否定文？　疑問文？」と考えながら話を聞くことはない。つまり聞き手が話し手との関係などから察してくれることを前提にした文化といえる。相手が察してくれない場合、「察することのできないほうが悪い」と感情的になりがちだ。

では、どうすれば他者意識を持って読めるのか。その答えは「論理のルール」に従うことだ。

1文の要点を押さえる

まずは文の構造を知ることから始めよう。1つの文は「要点」と「飾り」で構成されるという大原則がある。要点は「主語 ― 述語」であり、それ以外は飾りだ。

文を読んでも情報が並列に頭に入ってきて特定できない人は、まず述語から考えてみよう。主語は述語が決定するからだ。

例えば「東京で猛烈な雨が降っている」という文の場合、述語が文末にある「降っている」であるとわかれば、主語は「雨が」であると特定できる。この文が言いたいことは「雨が降っている」だ。「東京で」は「降っている」を、「猛烈な」は「雨が」を説明する飾りにすぎない。どのような複雑な文章でも「飾り」がたくさん付いているだけで、「要点」は1つ、という意識を持つことで文章の読み方が変わってくる。

「主語 ― 述語」と「飾り」の整理ができれば、1文の構造をつかまえたり、文の要点を抜き取ったりすることが容易になる。さらに、文と文との論理的な関係をつかまえて、筆者の主張を理解できるようになってくる。次にトレーニング用の問題を設けたので、活用してほしい。

論理力を高める基礎トレーニング

〔ポイント①〕主語と述語を捉える

1文の要点は主語と述語。それ以外の言葉は飾りにすぎない。

【問題1】次の文の主語と述語を抜き出しなさい。

ふいに壁掛けの鳩時計が、かわいらしい音色で鳴り出した。

【問題1の解答】主語は「鳩時計が」、述語は「鳴り出した」

主語・述語は文の要点であり、とくに述語には筆者が最も言いたいことがくる。もし「かわいらしい音色」を強調したいなら、「ふいに鳴り出した壁掛けの鳩時計はかわいらしい音色だった」となる。

〔ポイント②〕1文の構造をつかまえる

「主語と述語」「言葉のつながり」に着目すると構造が見えてくる

【問題】例にならって、次の文に「言葉のつながり」を示す↓を書き入れ、空欄に当てはまる言葉を抜き出しなさい。

（例）

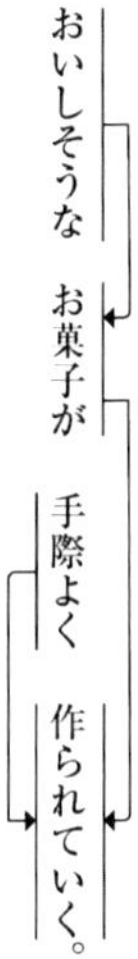
おいしそうな
お菓子が
手際よく
作られていく。

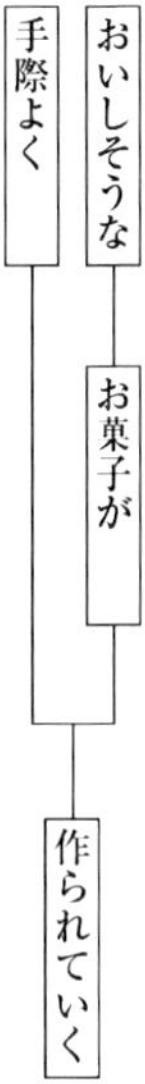
おいしそうな
お菓子が
手際よく
作られていく

おおつぶの雨が、地面にたたきつけるように降ってきた。

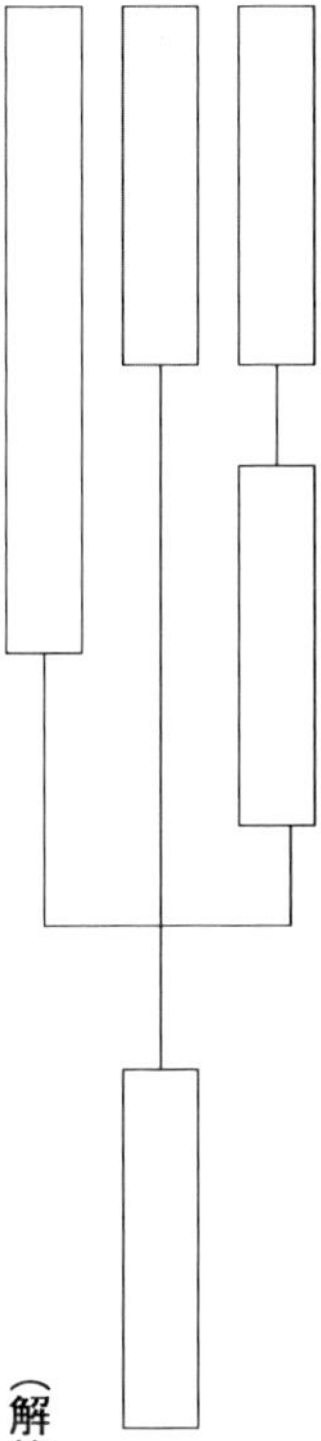

（解答は次図）

解答 おおつぶの 雨が、 地面に たたきつけるように 降ってきた。

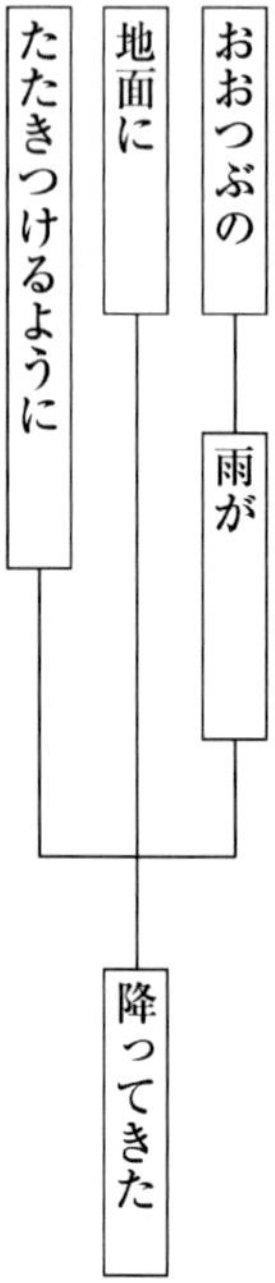

主語は「雨が」で、述語の「降ってきた」につながる。それ以外は飾りの言葉だ。「おおつぶの」は雨の説明、「地面に」「たたきつけるように」は「降ってきた」の説明をしている。

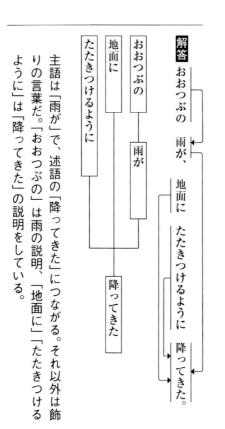

〔ポイント③〕文の要点を抜き取る

1文の論理構造がわかると、文の要点を抜き出せるようになる

【問題3】次の文章を読んで、要点をまとめなさい。

旅の基本は歩くことにあるんだ。車の旅が長引くにつれてそんなふうに考えた。

【問題3の解答】旅の基本は歩くことだと考えた。

2つ目の文の主語（「私は」）が省略されており、述語は「考えた」となる。そして考えた内容は「そんなふうに」であり、それが指すのは「旅の基本は歩くことにある」だ。

〔ポイント④〕文と文との論理的関係をつかまえる

「指示語」と「接続語」を理解すれば、論理的な思考が可能になる。

【問題4】次の文章を読んで、あとの問いに答えなさい。

ろくに学校にも行かなかったけれど、チャップリンはだれにも負けない勇気と才能と想像力を持っていました。〝これ〟は人生を切り開くうえでの何よりの力です。

【問】〝これ〟が指しているのは何ですか。

① 9文字で抜き出して答えなさい。

② 同じ内容を17文字で抜き出して答えなさい。

【問題4の解答】

① 勇気と才能と想像力

② だれにも負けない勇気と才能と想像力

「これは」が主語で、述語は「力です」。つまり、これ＝力なので、直前で力に当たるものを探せばよい。

【問題5】次の文章を読んで、あとの問いに答えなさい。

わたしの父は頑固な昔者の大工で、職人気質の強い人だったから、家を造るときはどんな細部にも手抜きせず、造る以上は何代にもわたって人が住めるような家しか造りたがらなかった。（　A　）彼が造った家は以来五十年六十年経っても、いまだにびくともせず存在している。（　B　）今はもう、父のような頑固な職人の姿を見かけることはない。

【問1】先の文章の（　A　）（　B　）に次の語群から言葉を選んで書き入れなさい。

さて　／　しかし　／　まるで　／　あるいは　／　そして

【問2】次の（　　　）の中に「＝」（イコール関係）か「⇕」（対立関係）かの記

号を書き込みなさい。

①わたしの父は頑固な昔者の大工で、職人気質の強い人だったから、家を造るときはどんな細部にも手抜きせず、造る以上は何代にもわたって人が住めるような家しか造りたがらなかった。

（　）

②彼が造った家は以来五十年六十年経っても、いまだにびくともせず存在している。

（　）

③今はもう、父のような頑固な職人の姿を見かけることはない。

【問題5の解答】

【問1】A＝そして　B＝しかし

【問2】＝、⇔

問1のAは前の文を受けて話が次に行く順接なので「そして」、Bは前の文と話の流れが変わる逆接なので「しかし」となる。

問2は①の「父が造った家は何世代も住める家」という意味内容と②「実際彼が造った家には何十年も住める」は論理でいえばイコールの関係だ。②は①の具体例となっている。②の内容と③の「そんな大工はいない」という内容は対立関係にある。

論理は3つの関係を知っていればOK

① イコールの関係

抽象化された命題（筆者の主張）を裏付けるために、具体例などを提示する。命題＝具体例・体験・引用という関係が成り立つ。

（例）S君はスポーツ万能だ（命題）。野球部ではエースで4番、夏の水泳大会では新記録を出した（具体例）。

② 対立関係
2つの文や段落を比べることで、主張を際立たせる。
(例) 私のクラスの試験の平均点は60点だった。しかし私は80点だった。

③ 対立関係
2つの文や段落を比べることで、主張を際立たせる。
(例) 私のクラスの試験の平均点は60点だった。しかし私は80点だった。

本やリポート、論文などから筆者の主張を読み解くには、「論理の3つの関係」を押さえておく必要がある。3つの関係とは、抽象的なことを具体例などに置き換える「イコールの関係」、異なるものを比較する「対立関係」、原因と結果の「因果関係」のことだ。

言葉の使い方や文章の組み立ては書き手一人ひとりの感覚や知識で変わる。ただ、3つの関係を押さえながら読んでいくと、文章と文章だけでなく、段落と段落の関係も論理的に捉えることができるようになる。

不特定多数の読み手に情報を発信する際、書き手の主張（命題）は抽象度の高いほうが多くの人にとっては有益なものになる。ただし主張はそれだけではあくまでも個人的な見解や主観にすぎない。裏付けとなる具体例や体験、引用などで論証する必要がある。「主張（命題）＝具体例、体験、引用（具体）」といった法則が「イコールの関係」だ。

「S君はスポーツ万能だ」と主張しても、本当かどうかは判断できない。そこに「野球部ではエースで4番、夏の水泳大会では新記録を出した」と具体例を挙げることで説得力が増す。「戦争は悲惨だ」という抽象的な1文の後に「幼い頃に父親を空襲で亡くした」と具体例が続けば、読者の心が動くだろう。

論証する材料が多ければ多いほど、読み手に対する主張の説得力は増す。ビジネスの文章であれば裏付けとして、データとなる数字や名経営者の言葉などを並べるのも有効だ。文章を読み進めるうえで欠かせないのは筆者の意識で文章を読む姿勢だと前述したが、筆者がなぜそう主張するのかに思いを巡らすと理解が深まる。

「対立関係」は、自らの意見と対立するものや比較するものを提示し、主張を際立たせる方法だ。例えば「私のクラスの試験の平均点は60点だった。しかし私は80点だった」と対比することによって、「私」の点数の高さがわかりやすくなる。

対立関係のテクニックとしては対比のほか、筆者が自分の意見の正しさを証明するため、対立する意見を持ち出してそれを否定する方法や、対立する2つの考え方が一長一短であるとき、それぞれの欠点を補い、長所を生かすやり方で統一する弁証法がある。

「因果関係」は、長い文章でも短い文章でも論を展開するうえで欠かせない要素だ。「昨日から頭が痛い。だから病院に行った」、「業績が悪い。だから責任を取って社長が退陣する」。この場合はいずれも、「だから」が因果関係を表すものであり、考えを整理して前に進める役割を果たす。

論理的なインプットを徹底的に訓練すれば、論理的なアウトプットができるようになる。読んだ内容を他者に正確に伝えることができるかどうか試してみよう。何となくわかっている状態では相手に伝えられない。

家族や友人ならそれでよいかもしれないが、初対面の人や仕事相手となれば「あうんの呼吸」は通用しない。相手がいっさい察してくれない前提で、誰もが納得できるように説明しなければならない。

そのためには文章を読んで、自分以外の人に対して短い時間で説明できるか試してみるといい。誰にでもわかる言葉で考えを伝えようと意識することで、論理的な表現ができるようになる。ビジネスパーソンにとっては、プレゼンテーション力の向上などにも役立つ。

最適な教材は入試参考書

論理力を鍛える方法としておすすめするのは、大学入試用の学習参考書を活用することだ。昔の人は膨大な量の本を素読することで、論理的な思考を自然と身に付けていった。だが現代の忙しいビジネスパーソンにとって、そうした方法は効率的ではない。

入試問題は大学が1年間かけて、論理力を試すのに最適な作品の、最も濃縮された場面を選ぶ。参考書はその選び抜かれた問題が多く集められており、1回の長さが適切で、読めているかどうかを設問で試せるのが利点だ。また自分で本を読むのとは異なり、内容を選べないため、さまざまな分野の考え方が学べる。参考書を用いて繰り返し勉強するのが、読解力を身に付ける最短距離といえる。

1人で参考書と向き合って学ぶ自信がない人は、インターネットを使った社会人向けの学習講座を活用するのも手だ。筆者も大人向けの「DMMオンラインサロン『出口塾』」を開始したので、そこで学んでほしい。

グローバル化が進む現代では、異なる価値観を持つ人との交流が増し、これまで予期していなかったことの起きる可能性が高い。言語も文化も異なる他者に、感覚や感情に基づいた説明をしても自分の意見は届かない。また想定外の出来事に対して、主観的な物の見方に終始していては最適解を導くことは難しい。

論理力を高めることは、読解力だけでなく、教養や思考力、語彙力を養うことにもつながり、これからの社会を生き抜く強力な武器になる。人生を変えたいと思うなら、文章の読み方から変えよう。

出口　汪（でぐち・ひろし）

1955年生まれ。関西学院大学大学院文学研究科博士課程単位取得退学。代々木ゼミナール、東進ハイスクールなどを経て2000年水王舎設立。論理文章能力検定評議員も務める。

東大生が教える「読書術」

現役東大生・西岡壱誠

一度読んですべてを頭に入れる、という発想は捨てよう。

「東京大学は読解力を非常に重視している」と昔からいわれ続けている。それは入試問題を見れば明らかだ。

国語はもちろん、1000ワード近い英文を100字程度の日本語でまとめさせる英語、問題文が長い数学。資料や文章を要約させる日本史・世界史や生物、グラフや問題文のヒントを読み解いて文にすることを求める地理、化学など、すべての科目に読解力を求める問題が出されている。読解力があれば、事前の知識をそれほど多く持っていなくても解答できてしまう問題もある。

そのため東大入試に臨む受験生は、読解力をつけようと努力する。その多くは、教科書がボロボロになるまで何度も何度も読んでいる。いろいろな参考書を読み知識量を多くして対応するのではなく、1つの絶対的に信頼できる教材である教科書を、何度も読んで力をつけているのである。

ではは読解力とは何か。私の周囲の東大生と議論したところ、2つの力に分けられるという結論に至った。それは「読む力」と「解く力」だ。読む力とは、文章を読んで大事なポイントがどこにあるのかを探す能力のこと。解く力とは、読んだ内容を理解して要約する力のことを指す。

本を深く理解するには、どちらの力も必要だ。そのためのトレーニング方法を見ていこう。

読む力を鍛えるには、簡単なテクニックがある。それは「準備」をすることだ。東大生はこの能力が非常に高い。例えば国語の問題を解くとき、いきなり長文から読み始めない。問題文や選択肢、長文の後の注釈、タイトルなど、とにかくいろいろなものから情報を得て、そのうえで文章を読んでいくのだ。

事前に仮説を立てる

本や参考書を読むときも、文章を先に読み始めたりはせず、表紙の情報や帯のコメント、裏表紙に書いてあること、目次に書いてある各章のタイトルなどに目を通して、「ああ、だいたいこんな感じのことが書いてあるのだろう」と自分の中で仮説を立てる。内容をその仮説と照らし合わせて、「ああ、やっぱりこういう話をするんだな」とか「あれ、これは想像してなかった。でもこういうことなのかな？」と推測しながら読んでいく。

だから東大生は読むスピードの速い人が多い。勘違いされがちだが、東大生はもともとの能力が高いから難解な文章でも楽に理解できるというわけではない。「こういう話をするのだろう」と事前にある程度予測できているから文章を速く読むことができる。それは準備の賜物だ。

本の中には、読む準備をするのが難しいものもある。その一例が、教科書だ。表紙には「日本史」「世界史」と書いてあるだけで、それ以外に得られる情報がない。目次に目を通しても、初見では何が書いてあるのか、なかなか想像がつきにくい。

そういう場合は何度も読む。東大生の使っている教科書がボロボロになるのはそのためだ。東大生は、教科書を一度にすべて理解しようとはしない。むしろ最初の1回は、わからなくてもいいからざっと読んで、「こういうことが書いてある」と認識し、2回目以降に深く理解するための準備としている。

「エビングハウスの忘却曲線」をご存じだろうか。これは人間がどれくらいのスパンで物事を忘れてしまうかを示しているものだ。それに基づくと、1回しか勉強していないことはたった1日で74％も忘れてしまうそうだ。しかし2回、3回と繰り返し学んでいくうちに、記憶を定着させられるようになる。

東大生の何度も読むという勉強法は、この記憶のメカニズムに照らし合わせると非常に理にかなっている。忘れてしまうことを前提に、何度も何度も読んでみる。そうすることで記憶に定着させようとしている。

■ 一度学んだことを1日で74%忘れてしまう
―エビングハウスの忘却曲線―

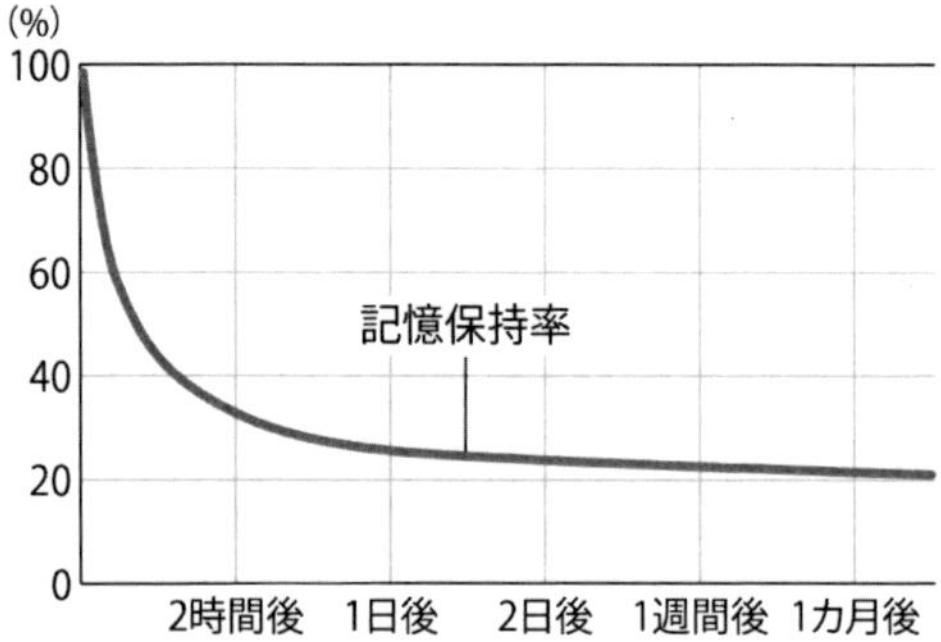

多くの人は「本や文章を一度読んだら、それですべて覚えられる」と考えすぎなのではないか。脳を1つの容器だと考え、その容器に水をためていくように学力や記憶はたまっていくとのイメージを持っているのかもしれないが、これは大きな誤りだ。実は脳という容器には複数の穴が開いていて、知識を入れても入れても水のようにこぼれてしまう。人間は忘れる生き物だからだ。

頭にスポンジをつくる

その容器に水をためる方法が1つある。それは、頭の中に「スポンジ」をつくって入れること。つまり教科書でも本でも、大枠の流れをつかむことによって、細かい部分を理解するのも容易になる。世界史や日本史の勉強でいうならば、大まかな時代の流れさえ理解していれば、あとは細かい知識を忘れてしまったとしても覚え直しやすい。何度も読み返すのは、スポンジをつくるためでもあるのだ。

スポンジはキーワードを探し当てられれば、すぐにつくることができる。例えば、以下の文章のキーワードは何だろうか。

『走れメロス』において、メロスは王に対して「人を疑うのは最も恥ずべき悪徳だ」と怒りましたが、現実問題として人を疑わずにいるのは難しいものです。人間は相手の心を知ることができません。相手に「こう思っている」と言われても、それが本当かどうかはわからないのです。

そして、自分の尺度と相手の尺度が違う場合もあります。『人間失格』の中で主人公は「つまり、わからないのです。隣人の苦しみの性質、程度が、まるで見当つかないのです」と独白していますが、自分が幸福に感じることを相手は幸福に感じないこともあります。相手の思っていることや感情を完全に理解することは不可能なのです。その状態で、「人を疑わないでいる」ということのできる人間が、どれだけいるでしょうか。

どうだろう、うまく見つけられただろうか。キーワードというのは、姿形を変えて何度も出てくる、文章の根幹として存在するもののこと。この文章の場合、何度も出てきている要素は「疑う」「感情」「難しい」の3つだ。

「疑う」は冒頭から最後まで幾度となく出てきている。「感情」という言葉が出てくるのは1回だが「心」という言葉も同じような意味で使われている。「難しい」は、「わからない」や「不可能」といった言葉も含めるとたくさん出てきている。

こうしたキーワードを見つけることができれば、「人の感情はわからないから、疑わないのは難しい」という、この文章がいちばん伝えたかったと思われる部分を知ることができるのだ。「読む力」が弱いと考えている人は、このようにしてキーワードを探して重要なポイントを押さえる方法を試してほしい。10回くらい実践すると、だんだんキーワードを意識せずとも読解できるようになってくるはずである。

要約する力が重要

次は「解く力」、つまり文章を要約する力だ。こちらは、読む力と違って、準備していてもできないことが多い。前提となる知識が必要になることもある。

「自分の言葉で再現できなければどんなに読んでもダメだ」というのを、私は東大の先生に言われて知った。「『要するにどんな本だったの？』と聞かれて、説明できない、言葉にできないのであれば、頭に入っていないも同然である」と教えられた。東大には読んだ本の要約を求められる授業や、学生同士で本の要約を見比べるゼミなどが存在している。

文章を読むということは、「読む力」によって重要なポイントやキーワードを理解し、「解く力」によって内容を深く理解して自分の言葉にまとめ、頭の中にしまっている状態にすること。要約できるかは、文章の内容を解（わか）っているかの分水嶺だ。

「まとめ」を問う問題は、東大をはじめとする多くの大学入試の現代文で出題される。英語でも「この文章のまとめとして適切なものを答えなさい」と問われる。ビジネスパーソンの場合でも、企画書で「エグゼクティブサマリー（事業計画の概要、要約）」を書いたり、プレゼンテーションでもなるべく簡潔に説明したりすることが求められるだろう。

では実際にやってみよう。次の文章を読んでみてほしい。この文章を要約すると、どうなるだろうか？

人は毎日人から評価されて生きていますが、人の評価などを気にするというのは愚かなことなのです。

フランスの救国の聖女、ジャンヌ・ダルクは、魔女裁判で火刑に処されて最期を迎え、死後500年経ってから聖人に認定されました。評価が変化したのです。あのシェイクスピアも、自分の著書の中でジャンヌのことを罵倒しています。これは、イギリスがフランスの敵対国だったからです。

逆に、ナチスドイツのアドルフ・ヒトラーは、第2次世界大戦が始まる前は「歴代最高の政治家」でした。600万人いた失業者を劇的に減らし、ドイツを世界第2位の経済大国にまで成長させるなどの、天才的な政治的手腕を発揮していたからです。しかし今ではそれも変わり、ヒトラーの名前は悪名高く世界に広まっています。

人の評価を過度に気にする人が多いのですが、人間の評価というのは、時代や評価

する人によって変わってしまうもの。気にしないほうがいいのです。

まず、先述したようにキーワードを探してみよう。出現頻度が高く、文章の根幹をなしていそうな言葉は、「評価」「変化（変わる）」「気にする（気にしない）」だ。

要約はこれを基にして作る。例えばこんな文章になる。

「人は、人から評価されて生きており、中には人からの評価を気にする人がいる。しかし、人からの評価は変化するものなので、気にしないほうが賢明だ」

要約するには、文章から抜き出すのではなく、自分の頭の中で一度かみ砕き、自分の言葉にする必要がある。

出題の文章は、予備知識があまり必要ないものだった。しかし、キーワードが専門用語だったり、初めて見る言葉だったりすることもある。その場合は自分で調べて、知識を習得しよう。

最後にここでの内容を要約すると、次のようになる。

文章を読めないパターンは2種類存在し、それぞれ対応策が異なる。

①「読む力」がなく、キーワードをつかむことができないパターン。キーワードを探して読むようにしなければならない。

②「解く力」がなく、キーワードがわかっても自分の言葉で要約できないパターン。要約力を鍛えつつ、文章を読む前提となる知識をつけなければならない。

本が読めないとき、どちらが原因かを自分で突き止め、ぜひ対応策を実行してほしい。

西岡壱誠（にしおか・いっせい）

1994年生まれ。偏差値35から東京大学を目指すも2年連続で不合格。そこから独自の暗記術や読書術、作文術を開発し合格。東大で45年続く書評誌『ひろば』の編集長を務める。

辞書編纂者が実践

新しい言葉のインプット術

国語辞典編纂者・飯間浩明

読解力を強化するには、語彙を増やすことが欠かせない。言葉をたくさん知り、その意味を正確に押さえていれば、文章の理解が深まる。成人のボキャブラリーは、固有名詞を除いて数万語程度といわれる。語彙力アップの本を読んでも、その中で初めて見る単語はせいぜい50語ほどだろう。増える量は微々たるものだ。語彙を本当に増やしたいと思うなら、日頃から読書したり辞書を引いたりして知らない言葉に出合い、記憶に定着させる必要がある。

辞書を使って語彙力を増やす方法の1つとして、「辞書引き学習法」がある。これは立命館小学校校長などを務めた中部大学の深谷圭助教授が考案したものだ。

国語辞典を調べて知っている言葉を見つけたら、意味や用例を読んだ後、その言葉と見つけた順番を付箋に書いて、そのページの上部に貼る。次に意味や用例の中で知らなかった言葉を引き、同じように付箋を貼っていく。付箋により覚えた言葉の量が可視化され、達成感が伴うので学習にのめり込みやすいとされる。

ただし、隙間時間を学習時間に充てたいビジネスパーソンにとって、分厚い紙の辞書をつねに持ち歩くのは負担になるだろう。そこで提案するもう1つの方法は、私が実践する「言葉の採集」だ。

例えば読書の際、初見で意味のわからない言葉や気になる言い回しをページ上部の余白に書き出す。その時点では意味を推測する程度で本を読み進め、読み終わった後に余白部分を見返して、辞書で言葉の意味や用法を調べる。

知らない言葉に線を引く人もいるが、それだけでは簡単な動作なので記憶に残らない。余白に書き出すことで漢字表記も覚えるし、それ自体が「初めて出合った語彙のリスト」になるので、後で見たときにわかりやすい。このリストは時々読み返すとよい。

言葉をデータベース化

またテレビ番組や街の看板などで知らない言葉に出合ったら、スマートフォンで写真を撮ったり、メモに残したりするのもいい。私は実際に、そういう言葉をデータベース化している。見つけた言葉だけでなく、どんな使われ方をしていたか、いつ、どこで発見したかも記録に残す。年月日を明記することで振り返りやすくなり、記憶が鮮明に保たれる効果がある。

言葉の意味を調べる際は、紙の辞書だけでなく、手軽に持ち運べるスマートフォン向けの辞書アプリを活用するとよい。気になる言葉があったときに、すぐに調べることができるからだ。

昨今はインターネットで言葉を検索できるが、簡潔にまとまっておらず読んでも意味がよくわからなかったり、うその情報が交じっていたりすることがある。その点、辞書の解説はシンプルにまとまっており、情報の信頼性も高い。

私は『三省堂国語辞典』をはじめ、7つの辞書アプリをインストールしている。辞書はどれも同じことが書いてあると誤解されがちだが、表現の仕方や掲載されている言葉の数などがそれぞれ違う。複数の辞書に当たることによって、理解がより深まる。

語彙力を高めるに当たって重要なのは、知らない言葉に出合ったときに、「恥ずかしい」と思わないことだ。辞書を作っている私でも未知の言葉のほうがむしろ多い。調べること、知ることをもっと楽しんでほしい。

飯間浩明（いいま・ひろあき）

1967年香川県生まれ。早稲田大学第一文学部卒業、同大学院博士課程単位取得。『三省堂国語辞典』編集委員。『つまずきやすい日本語』『ことばハンター』など著書多数。

言葉の定義を押さえ前提を明確にしよう

ビジネスコンサルタント・細谷　功

ビジネスで毎日のように耳にする言葉には、定義があいまいなまま用いられているものが多く存在する。とくに外来語の概念を日本語化したものに顕著だ。

例えばマーケティングという言葉は、初めて仕事をする者同士でのやり取りにおいてはとくに注意が必要である。「広告宣伝」とほぼ同義で用いる場合があるかと思えば、「商品企画」や「市場調査」とほぼ同義であったり、あるいは「営業戦略」（この言葉自体も人によって範囲が異なる）に近い意味で用いられたりすることもある。

「デザイン」という言葉も幅広い定義で用いられている。狭い意味では、例えば「服や家具のデザインが好みだ」のように、見た目の意匠的なものという定義で用いられることが多い。だが、広い意味では仕様やコンセプトといった見た目に限らない製品の機能や設計思想そのものを指す場合もある。

言葉の定義に対する理解が異なる者同士が、定義をあいまいな状態にしたままで議論を続けることで、まったくかみ合わないコミュニケーションが続いて結論が出ない、という非生産的な状況が頻繁に発生している。とくにツイッターのように字数が限られた中での議論は、言葉の定義のような議論の前提条件をいちいち確認しないまま行われることが多く、無用の誤解が発生しているように見える。

「抽象化」であいまいに

では、このような「自覚なき言葉の定義の相違」の根本原因は何だろうか。

それは私たちの知的能力の基本的行為といえる「抽象化」にある。私たちは日々の個別具体の事象をグループ化し、それらを一くくりに捉えることによって応用を利かせ、「一を聞いて十を知る」という形で知能を発揮している。

抽象化は「目的に応じて重要な幹とさまつな枝葉を切り分けて幹だけを抽出すること」と定義できる。私たちの身の回りにおけるさまざまなパターン認識や異なる事象間で法則を見つけるというのも、抽象化の産物である。

ビジネスの現場で用いられる抽象化の応用例はアナロジー（類推）である。1つの会社や業界での成功事例を抽象化して、一見まったく異なる業界に適用することで「斬新な」アイデアとすることが可能となる。

近年、デジタル化の進展とともに頻繁に聞かれるようになった「ビジネスモデル」も、典型的な抽象化の応用例である。例えば「サブスクリプション」というビジネスモデルは、まったく異なる商品やサービスを「（月額）定額制」という料金体系でひとまとめにして扱うことで、業務の成功要因や管理モデルなどを共有することができる。

このような抽象化の産物であり、ある特徴を抜き出し、細かい具体的事象を捨象した言葉というものには、「いいとこ取り」をしたことによる、あいまいさがつきまとう構造的な特性がある。

コミュニケーションの齟齬（そご）をなくして議論を生産的に進めるためには、キーワードとなる言葉の定義をはじめとした前提条件を明確にしなければならない。

そのためには、その言葉を用いるにあたって、言葉の使用者がどのような抽象化を行っているか、つまりどのような視点や「思考の軸」（それは何であって何でないのか）が含まれているかを明確にする必要がある。

そのために必要な言葉の関係の可視化ツールとして、「DoubRing（ダブリング）」を紹介する。これは2つの言葉の関係性を2つの円で表現することで、認識の違いを明確にし、そこから言葉の定義も含めた前提条件の違いを可視化するものだ。

■人によって言葉のイメージが異なる
―仕事と遊びに関するDoubRing（ダブリング）の結果―

質問 「仕事（A）」と「遊び（B）」を2つの円で表現するとどうなりますか？　以下から選んでください。

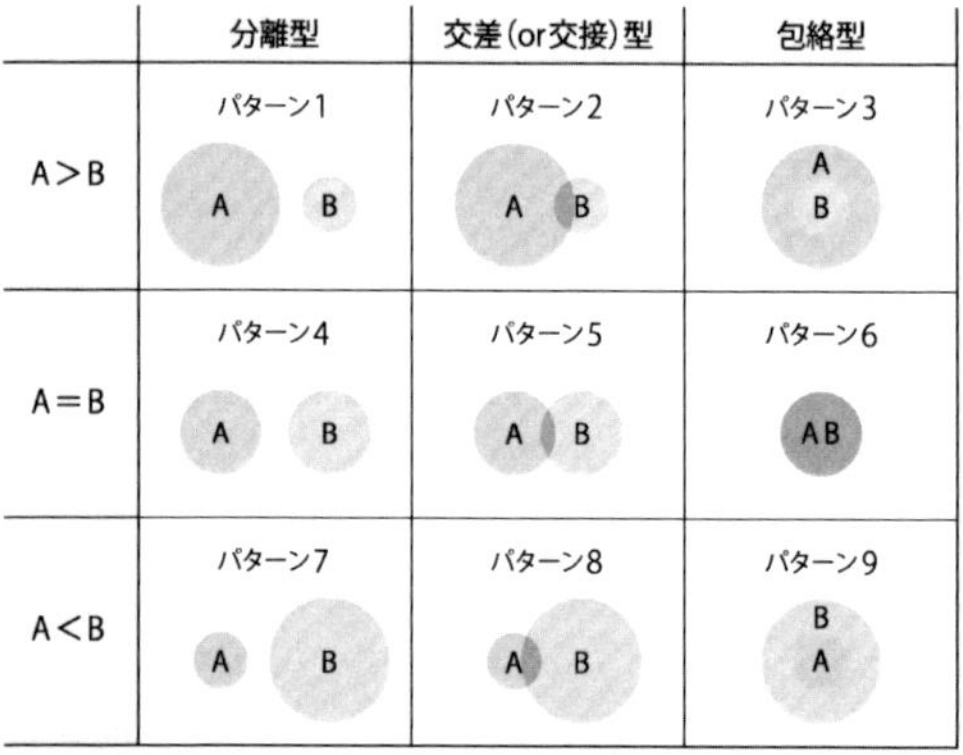

回答結果 …最も多いパターン5でも約4割

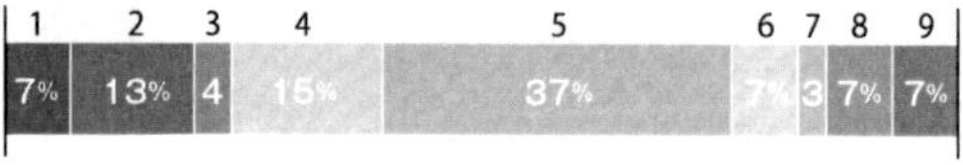

「仕事と遊び」の関係をどのように2つの円で表現するだろうか。ダブリングでは、これらの関係性を単純化して①どちらが大きいか、②どのように交わっているかをおのおの3通り、計9パターンで表現し、定量的な比較を可能にしている。

参考までに日本人約1200名で取ったアンケート結果の分布を見ると、「両者が同じ大きさで一部交わっている」パターン5が37％を占めるが、それ以外は多様性の高い回答結果となっている。

新しい働き方やワーク・ライフ・バランスのあるべき論の議論で散見される、かみ合わない状況の原因の1つが「そもそもの仕事観が違っている」ことである。

起業家や創造的な仕事をしている人はパターン6の「仕事＝遊び」を選ぶことが多く見られる「好きなことを仕事にしろ」とか「公私は混同せよ」などと主張する人たちがこのタイプだ。このような人たちにはそもそも「ワークかライフか」という問い自体に意味がない。「ワークとライフをバランスさせる」という感覚は、ワークとライフは別物だというパターン1、4、7を選択する人たちにおいて顕著なものといえる。

議論の前提を整理しよう

言葉を定義する方法も提示しておこう。ここでは「サービス」という言葉を例にとる。「モノからコトへ」という付加価値の変化に伴って、この言葉も毎日のように用いられている。だが、定義があいまいであることが多い。

言葉の定義は、「AかBでないか?」というさまざまな「視点の軸」を列挙し、それらにYESかNOかを答えることによって明確になっていく。これは抽象化のプロセスそのものだ。

サービスでいえば、①有料か無料か、②対人奉仕的な要素があるか、③商品（機器本体）の販売のことか、販売後のことか、④商品が有形か無形か、といった軸が考えられる。

仮に③④を主な軸と捉えて定義してみると、4つの象限で明確に定義でき、どこの象限の話をしているのか可視化することで誤解を最小にできる。

■定義を可視化して誤解を最小に
―「サービス」の定義方法のイメージ―

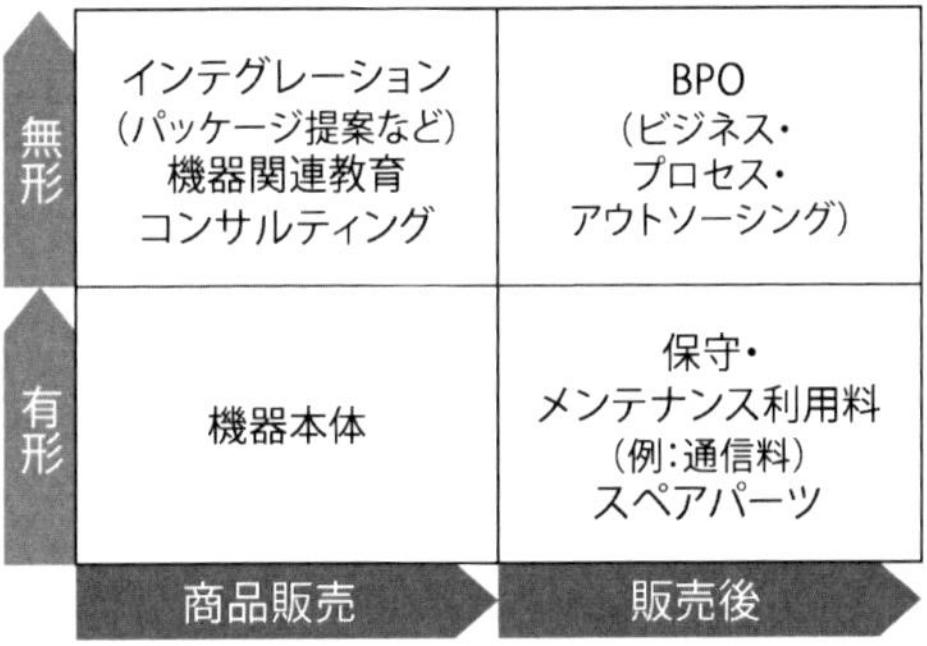

	商品販売	販売後
無形	インテグレーション （パッケージ提案など） 機器関連教育 コンサルティング	BPO （ビジネス・ プロセス・ アウトソーシング）
有形	機器本体	保守・ メンテナンス利用料 （例：通信料） スペアパーツ

議論にあたっては「どちらが正しいか」の前に、「どんな前提で話しているのか」を明確にすべきことが多い。重要なのは言葉そのものが「砂上の楼閣」であることを十分に認識して用いていくことだろう。たかが言葉、されど言葉である。

細谷　功（ほそや・いさお）

1964年生まれ。東大工学部卒業。東芝を経てアーンスト&ヤング・コンサルティング（クニエの前身）入社、2012年クニエのコンサルティングフェロー。著書『地頭力を鍛える』。

ビジネスパーソン、資格試験受験者は必見

難解な法律条文を正しく読む方法

弁護士・品川皓亮

コンプライアンス(法令順守)の重要性が高まる中、ビジネスパーソンにとって法律知識の習得は避けて通れない。国家資格などの取得を目指す人にとっても、法律を読む力は必要だ。

法律の条文は「やたらと長くて難しい」という印象を持つ人が多いと思うが、弁護士などの専門家でなくても読み解くことができる。ここでは法律家の読解力を支える素養として、「条文を正確に読み解く基礎知識」と、「難解な条文をシンプル化する3つのテクニック」を紹介したい。

接続詞の使い分けを知る

条文を正確に読み解く基礎知識として、まずは、文や語句をつなげる接続詞の正確な意味を押さえる必要がある。使われる頻度の高い「又は」と「若しくは」、「及び」と「並びに」について、使い分けを簡単に説明していこう。

条文における言葉の使い方を覚えよう

1 「又は」と「若しくは」の使い分け

A 若しくは B 又は C

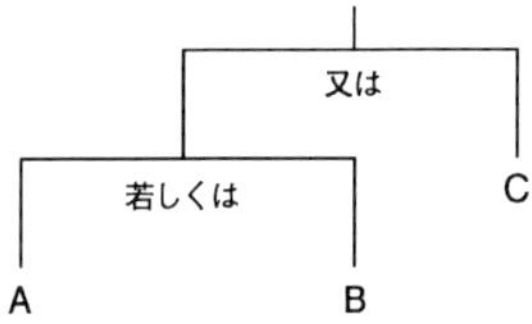

「又は」はいちばん大きなグループ分けに使い、それより小さなグループ分けに「若しくは」を使う

例

会社法384条

監査役は、取締役が株主総会に提出しようとする議案、書類その他法務省令で定めるものを調査しなければならない。この場合において、法令若しくは定款に違反し、又は著しく不当な事項があると認めるときは、その調査の結果を株主総会に報告しなければならない。

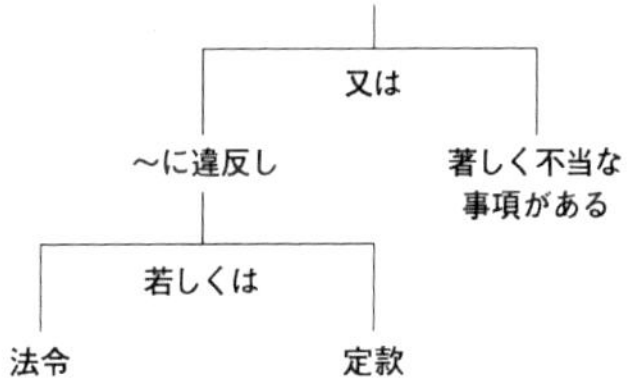

「又は」と「若しくは」は英語の「ｏｒ」を意味する。ある2つの内容を「ｏｒ」でつなげる場合に「又は」を使い、3つ以上の内容を並列する場合は「A、B、C又はD」というように、最後に「又は」、それ以外のところには読点を使う。

「若しくは」が登場するのは、さらに複雑な文章の場合だ。1つの文章の中で大きなグループとそれより小さなグループを「ｏｒ」の関係で結ぶ場合、「又は」はいちばん大きなグループ分けに使い、それより小さなグループ分けに「若しくは」を使う。

条文などの中に「若しくは」が出てきたときは、まず「又は」に目印をつけて、そこで大きなグループが分けられることを確認し、その中を「若しくは」がどのように分けているかを確認するというステップを踏むとわかりやすい。

次に、「及び」と「並びに」の使い分けについても確認しよう。

2 「及び」と「並びに」の使い分け

A 及び B 並びに C

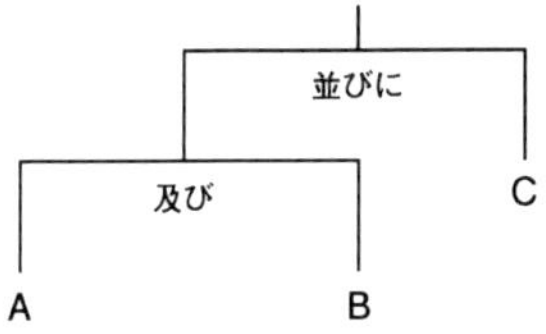

「及び」はいちばん小さなグループ分けに使い、それより大きなグループ分けには「並びに」を使う

例

会社法344条1項

監査役設置会社においては、株主総会に提出する会計監査人の選任及び解任並びに会計監査人を再任しないことに関する議案の内容は、監査役が決定する。

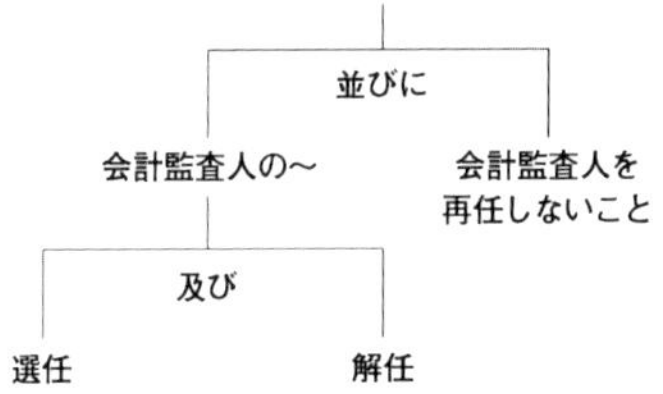

2つの内容を「ａｎｄ」でつなぐときは「及び」を使うのだが、3つ以上の内容を並列する場合、最後に「及び」を使い、それ以外には読点を使う。

大きなグループとそれより小さなグループを「ａｎｄ」の関係で結ぶ場合、「及び」はいちばん小さなグループ分けに使い、それより大きなグループ分けには「並びに」を使う。

「以上」「等」にも注意

法律の文章では、「以上」「超える」や、「以下」「未満」などの用語も厳格に使い分けられている。基準となる数量を含む場合には「以上」や「以下」が用いられ、基準となる数量を含まない場合には「超える」や「未満」といった表現が用いられる。「満たない」や「達しない」という用語も「未満」と同じ意味だ。例えば、「100万円を超える金額」といえば「100万円」を含まない。

3 「以上・以下」と「超える・未満」の違い

「50万円以下」
「100万円以上」とある場合

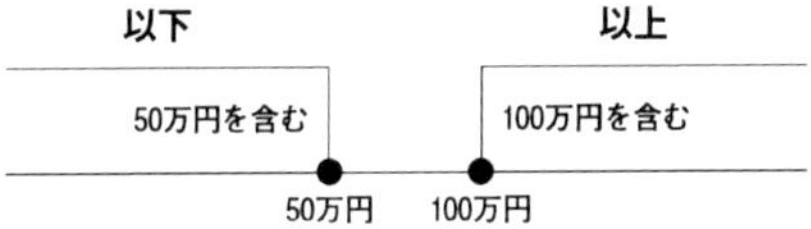

「50万円未満」
「100万円を超える」とある場合

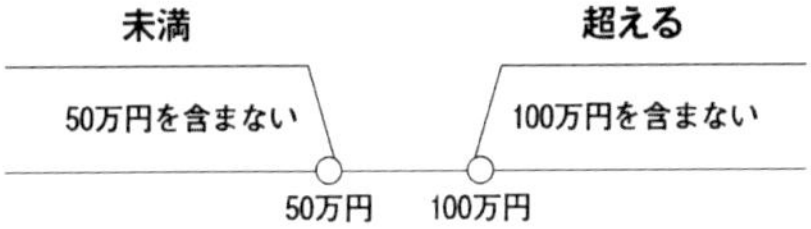

「●以上・以下」は●を含む
「○未満・○を超える」は○を含まない

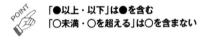

例として会社法724条1項と2項を見てみよう。

1　議決権者集会において決議をする事項を可決するには、出席した議決権者（議決権を行使することができる社債権者をいう。以下この章において同じ。）の議決権の総額の二分の一を超える議決権を有する者の同意がなければならない。

2　前項の規定にかかわらず、社債権者集会において次に掲げる事項を可決するには、議決権者の議決権の総額の五分の一以上で、かつ、出席した議決権者の議決権の総額の三分の二以上の議決権を有する者の同意がなければならない。（以下略）

この条文において、「超える」が使われている1項では、ちょうど「2分の1」の同意があるだけでは可決されない。他方で「以上」が使われている2項では、ちょうど「5分の1」「3分の2」の同意があれば可決される。

条文で頻繁に使われる「〜等」という用語にも注意が必要だ。例えば、会社法429条1項はこう定めている。

役員等がその職務を行うについて悪意又は重大な過失があったときは、当該役員等は、これによって第三者に生じた損害を賠償する責任を負う。

ここでいう「役員等」とは、具体的には誰のことを指すのか。条文に曖昧さは許されないため、「～等」という表現が出てきた場合、条文中のどこかでその意味が定義されているのが通常だ。

先ほどの「役員等」については、会社法423条1項に次のような規定がある。

取締役、会計参与、監査役、執行役又は会計監査人（以下この節において「役員等」という。）は、その任務を怠ったときは、株式会社に対し、これによって生じた損害を賠償する責任を負う。

ここから、「役員等」とは取締役、会計参与、監査役、執行役、会計監査人を指すことがわかる。したがって、肩書としてどのような名称が付されていようと、これらの者は「役員等」として429条1項の責任を負い、反対に、それ以外の者はこの責任を負うことはないということになる。

3つのテクニックで条文をシンプル化する

ここまでの基礎知識を踏まえたうえで、会社法847条1項を例に、「難解な条文をシンプル化する3つのテクニック」を見ていこう。

テクニック① 目次や見出しで大まかな内容を予測する

会社法847条1項（株主による責任追及等の訴え）

6箇月（これを下回る期間を定款で定めた場合にあっては、その期間）前から引き続き株式を有する株主（第189条第2項の定款の定めによりその権利を行使することができない単元未満株主を除く。）は、株式会社に対し、書面その他の法務省令で定める方法により、発起人、設立時取締役、設立時監査役、役員等（第423条第1項に規定する役員等をいう。）若しくは清算人（以下この節において「発起人等」という。）の責任を追及する訴え、第１０２条の２第１項、第２１２条第１項若しくは第２８５条第１項の規定による支払を求める訴え、第１２０条第３項の利益の返還を求める訴え又は第２１３条の２第１項若しくは第２８６条の２第１項の規定による支払若しくは給付を求める訴え（以下この節において「責任追及等の訴え」という。）の提起を請求することができる。（以下略）

テクニック② カッコ書きは飛ばして読む

6箇月 … 前から引き続き株式を有する株主 … は、株式会社に対し、書面その他の法務省令で定める方法により、発起人、設立時取締役、設立時監査役、役員等 … 若しくは清算人 … の責任を追及する訴え、第102条の2第1項、第212条第1項若しくは第285条第1項の規定による支払を求める訴え、第120条第3項の利益の返還を求める訴え又は第213条の2第1項若しくは第286条の2第1項の規定による支払若しくは給付を求める訴え … の提起を請求することができる。

……の提起を請求することができる。

テクニック③ 文章の「幹」だけを抜き出す

：：株主：：は、株式会社に対し、：：役員等：：の責任を追及する訴え：：の提起を請求することができる。

この条文は非常に読みづらいが、このような難解な条文に出合ったら、「文章の最初から順に読もうとしない」「書いてあることを100％理解しようとしない」という2点を意識するようにしたい。内容の詳細については必要に応じて後から確認すればよいので、まずは条文の骨子をつかむことが大切になる。

難解な条文をシンプル化するテクニック①は、「目次」や「見出し」で大まかな内容を予測することだ。ほとんどの法律文書には全体の構造を理解するのに役立つ目次や見出しがついているので、それを確認することが欠かせない。

法律文書はパソコンのフォルダー分けと同様に、大きなまとまりから小さなまとまりへと「入れ子」のような構造で整理され、それが「目次」や「見出し」に反映されている。そのため、事前に目次や見出しを確認することで、条文の中身をある程度推測できる。

847条には「株主による責任追及等の訴え」という見出しがついている。ここから、この条文は、何者かの会社法上の責任を株主が追及する訴訟についての規定であると予測できる。

テクニック②は、カッコ書きは飛ばして読むことだ。複雑な条文では多用されていることが多く、二重、三重に使われていることも珍しくない。

カッコ書きがあると、文章の意味がつかみにくくなってしまう。カッコ書きをまずはすべて無視し、それ以外の部分だけをつなげて読むようにしよう。847条1項のカッコ書きをすべて取り払うと、だいぶシンプルになる。

最後にテクニック③として、文章の幹となる部分（主語・述語・行為の対象など）を抜き出す作業を行う。いくつもの修飾語がついている場合、どうしても必要なもの以外は、取り払ってしまおう。先の「テクニック② カッコ書きは飛ばして読む」の赤字部分のように多くの単語が並列されている場合には、最もわかりやすい1つだけをピックアップし、あとはすべて無視する。ここでは「役員等…の責任を追及する訴え」だけを抜き出した。

3つのテクニックを使い、「**株主は、株式会社に対し、役員等の責任を追及する訴えの提起を請求することができる**」とシンプル化できた。難解だったこの条文の骨子がかなり明確になったのではないだろうか。

株主代表訴訟の要件

すでにお気づきかもしれないが、会社法847条は、ニュースなどでもよく目にする「株主代表訴訟」の根拠条文である。

株主代表訴訟とは、株主が会社を代表して取締役らの法的責任を追及するために提起する訴訟のことをいう。経営陣同士のなれ合いを防ぐため、株主が直接、会社のために取締役らに対し訴えを提起することが認められているもので、最近では東京電力福島第一原子力発電所の事故をめぐるケースや、スルガ銀行のシェアハウス不正融資のケースが話題になった。
847条1項は、株主代表訴訟を提起する前段階として、株主はまず会社に対して、取締役らに対する訴訟提起を請求すべきことを定める条文だ。そして、同条3項において、この請求にもかかわらず会社が60日以内に訴訟を提起しない場合に、その株主は自ら原告となって、会社に対して株主代表訴訟を提起できることが定められている。

大規模な株主代表訴訟では億～兆円単位の訴額になるケースも少なくないが、株式を1株でも持っていれば、誰でもそのような訴訟を提起できるのだろうか。

こんな疑問が湧いたときには、条文の細部を読み直し、訴訟を提起できる株主に条件が付されていないかを確認すればよい。

条文をもう一度読むと、訴訟を提起できる株主は「6箇月（これを下回る期間を定款で定めた場合にあっては、その期間）前から引き続き株式を有する株主」に限定されていることがわかる。他方で、保有株式数については制限がなく、1株でも保有している株主であれば訴訟の提起が可能だ。

このように、3つのテクニックを使って大まかな意味を把握するとともに、自分が詳細に知りたい部分をズームアップして確認する作業を繰り返すことで、法律の条文を、スピーディーかつ正確に読めるようになる。

品川皓亮（しながわ・こうすけ）
1987年生まれ。京都大学法科大学院修了。TMI総合法律事務所を経て、現在は女性のキャリア支援を行うL・iBの人事部長。著書に『日本一やさしい法律の教科書』など。

統計データは疑うことから始めよう

統計分析家・本川　裕

重要性を増す統計データ。だが真実を映しているとは限らない。官庁などが系統的に収集・公表する統計データは、正しく読み取ることができれば、世の中の実情を明らかにしてくれる。ところが、いくつかの要因につまずいてしまい、読み間違えて真実から遠ざかってしまうことも少なくない。ここではありがちな「4つのつまずき」を紹介する。正しくデータを読解する際の参考にしてほしい。

高齢化の影響を考慮せよ

1つ目のつまずきは、「年齢バイアス」だ。日本では急速な高齢化が進行し、高齢化率は世界一となっているため、データもこの影響を受けやすい。

実例として高齢ドライバーの死亡事故件数を挙げよう。2019年4月に東京・池袋で高齢者ドライバーの暴走事故が発生するなど、運転能力の衰えた高齢者が引き起こす交通事故は、増える一方であるという印象を抱く人は少なくないと思う。自らの運転能力を過信して免許を返納せず、深刻な事故を引き起こす高齢者の身勝手さを非難する声も大きくなっている。

では統計データは何を語るのか。警察庁はドライバーの年齢層別に死亡交通事故の件数を公表している。この10年間の変化を追うと、2016～18年平均と2006～08年平均（10年前）を比べて、60歳以上の高齢ドライバーによる死亡交通事故の件数はあまり変わっていないが、非高齢者による事故件数が急減している。そのため、全体に占める60歳以上の高齢者の割合は増えている。高齢者の事故件数があまり変わっていないのは、少子高齢化によって若い世代のドライバーが減少している一方、高齢ドライバーの数が増えているのが要因だ。

ただし、これだけで高齢ドライバーによる死亡事故率が上昇しているとは判断できない。それを確かめるには、年齢層別の免許人口当たり事故率を見る必要がある。

それを計算したのが次図だ。2016〜18年平均だけを見ると、20歳代までの若い層と70歳代以上の高齢者層の事故率が高い。とはいえ、10年前に比べると、すべての年齢層で死亡事故率は下がっており、若い層と高齢者層はほかの年齢層以上に低下しているというのが実態である。

つまり高齢ドライバーによる死亡事故の割合は、高齢ドライバーの人数の増加によって上昇しているが、事故率はむしろ大きく低下しているのであり、高齢者の身勝手さを非難してしかるべき状況にはないことがわかるのである。

1 年齢バイアス

60歳以上の死亡事故率は低下

①ドライバーの年齢層別死亡事故件数

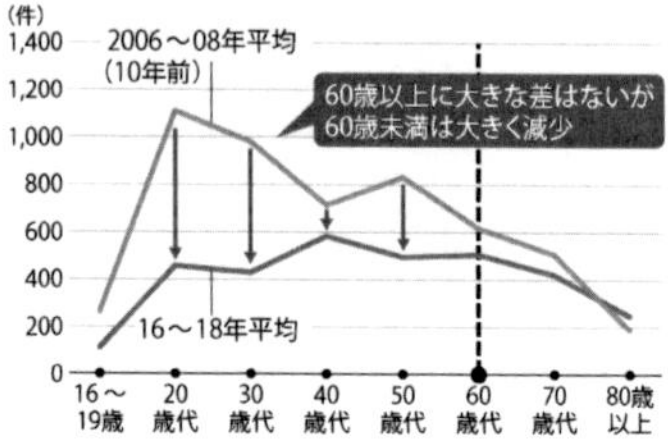

②死亡事故件数に占めるドライバーの年齢層別比率

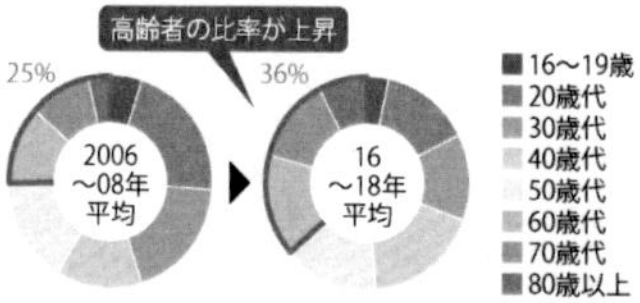

③ドライバーの年齢層別死亡事故率

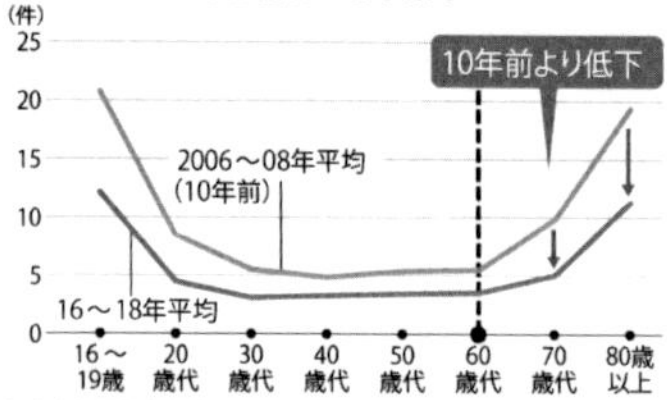

(注)年齢層別死亡事故率は免許10万人当たりの発生件数
(出所)警察庁「平成28年死亡事故まとめ」「平成30年死亡事故まとめ」

時系列変化におけるこのような年齢バイアスは、年齢構造の大きく異なる国の比較においても誤解を生みがちである。

例えば、日本の医療費は国際的にみて高いと懸念されているが、高齢化の程度を考え合わせると、それほどでもない点が忘れられがちだ。ほかにも、公的支出に支えられた日本の学校教育費の対GDP（国内総生産）比が先進国の中で最低レベルである点が嘆かれることが多いが、学齢人口の少なさを考慮すれば、教育に対する熱心さの足りない国という批判は当たらない。

報じられない情報がある

2つ目のつまずきは、「発表者・メディアの癖」だ。統計データは多くの場合、収集・集計・整理を行う官庁などによって公表され、それを報じるメディアを通じて知られることになる。そのため、どんなデータがわれわれの目に触れやすいのか、あるいは触れにくいのかを知っておくことが、統計データ読解の基礎素養となる。

原データや集計表には、政府が設けているデータベースである「e－Ｓｔａｔ（イースタット）」などからアクセスできるが、膨大なデータを前に、どう読み解いたらよいか戸惑う人が多い。そこで統計データの公表者は、メディアや国民が関心を持ちそうなデータをわかりやすくまとめた概要版を作成し、データの公表と同時に発表するのが通例だ。こうした概要版は、データを収集した方法なども記述され、とても便利で有意義な資料となっている。

その反面、官庁の実績や予算要求の正当性を強調したいといった意図によって、概要版で公表されるデータの選択が左右され、労多い調査報道ではなく、アクセスジャーナリズム（権力側との接近を重視する報道姿勢）に慣れてしまったメディアを通して、そのまま垂れ流される状況も生じがちだ。メディアが統計データを報じるときにはプラス面ではなくマイナス面を主として取り上げるという強い癖がある点も理解しておこう。

警察庁が発表している犯罪認知件数を見ると、１９９５～２０００年代前半に急増している。当時、このデータは盛んにメディアに取り上げられ、青少年のモラルの低下や家庭の崩壊と一緒に語られることで治安の悪化が既成事実として受け入れられていた。

2 発表者・メディアの癖
日本の治安は大きく改善している

他殺による死亡者数と犯罪認知件数の推移

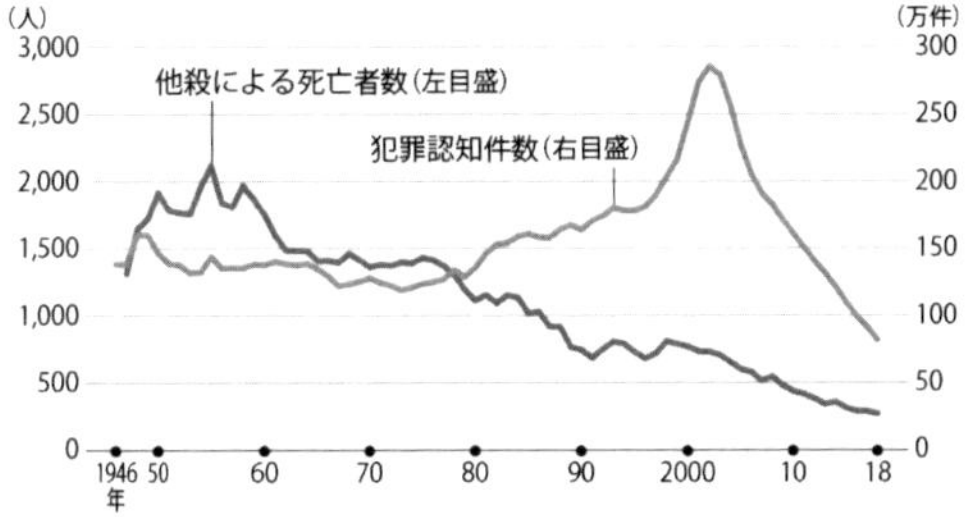

(注)犯罪認知件数は刑法犯が対象
(出所)警察庁「刑法犯に関する統計資料」、厚生労働省「人口動態統計」

実はこの時期の他殺による死亡者数は増えていない。この犯罪認知件数の急増は、警察が従来取り締まらなかった事案まで犯罪として取り締まるようになったからにすぎないという説が有力だ。当時のメディアや有識者はデータの性格を十分に吟味せず、状況の悪化を示す数字に過剰に反応した。

現在の日本は、犯罪認知件数や他殺による死亡者数でみると、戦後最も治安がよい状況だ。しかも状況は年々改善し続けていることが明らかである。18年の犯罪認知件数は10年前と比較して55%減、他殺による死亡者数は50%減と、ともに半減以下となっている。

ところが警察白書を見ると、犯罪件数や検挙率などと異なり、警察官の人数が増え続けていることを示す数字は表示されていない。そこでメディアも取り上げず、経費削減のため人数を減らそうという議論は起きない。ちなみに19年度の警察職員（一般職員含む）は29・6万人で、2009年度比で2%増えている。

痛ましい殺人事件はなお発生しており、それはメディアで詳しく報じられる。だが、治安が改善していることは控えめにしか報じられないので、国民は治安のよさを実感できないのである。

似たようなことは、多くのデータで生じている。メディアは失業率が悪化したときにはグラフを掲載するなどして大きく取り上げるが、改善したときにはほとんど片隅で数字だけを控えめに報じる傾向がある。そのため国民は、大勢としていつも状況が悪くなっていると誤解しがちである。

真実を見極めるには、メディアが取り上げる短期間のデータではなく、長期にわたるデータの推移を自分で調べる必要がある。

個別と合計の結果は違う

3つ目のつまずきは、「**合成の誤謬**」だ。個々のミクロレベルでは合理的な行動が社会的なマクロレベルではかえって非合理的な行動になることを、経済学では合成の誤謬と呼ぶ。統計データの解析でも似た例に出くわすことが多い。

国民生活基礎調査（厚生労働省）は、毎年の調査であるが、3年ごとに通常年の5倍も多い71万人のサンプルによる大規模調査が行われており、細かい区分のクロス集計結果が活用できる。

ここでは、その調査から「われわれにとって精神的に良好な状態とはどんな状況なのか」を属性別に調べた結果を取り上げる。

3 合成の誤謬
男女別では正規雇用と非正規の精神状態は変わらない

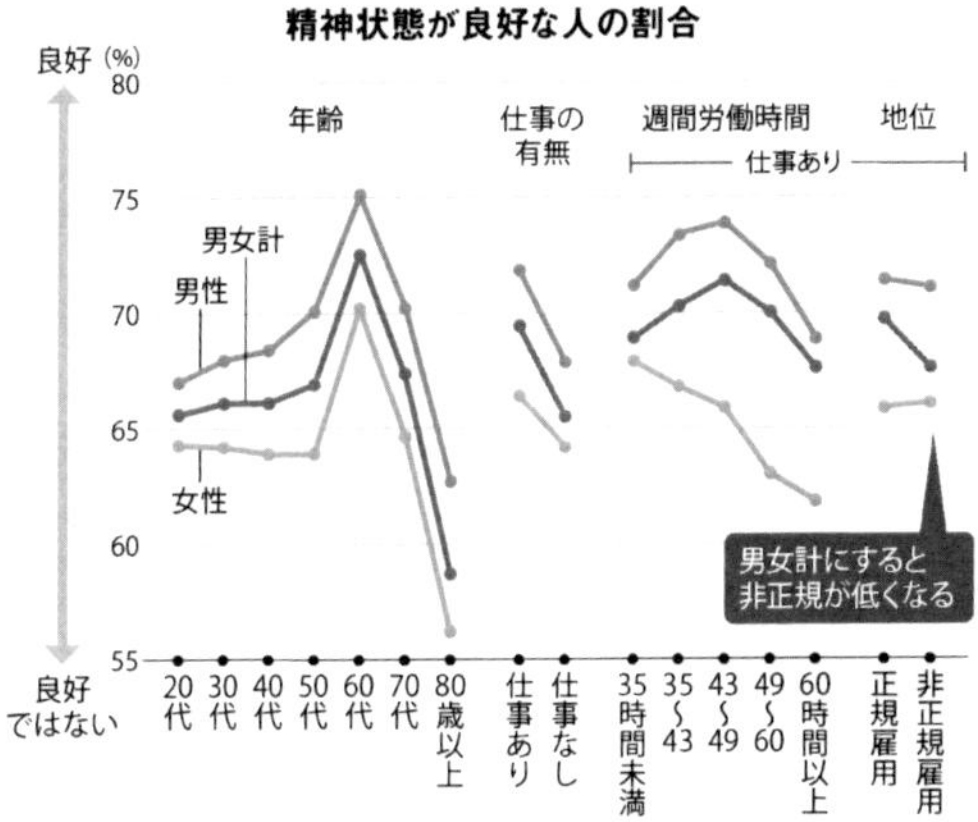

（注）2016年調査の結果。「精神状態良好」はK6という尺度を用いた。「こころの状態（精神的な問題の程度）」に関する6設問の合計点数が0〜4点の人の、全体に占める割合（良好でないほうの満点は24点）
（出所）厚生労働省「国民生活基礎調査」

まず年齢でみると、仕事や、子育てなど家庭の責任が大きい50代までと比較して、60代はそれらから一定程度解放されるため、精神状態が良好な人が多い。70代以降になると、病気や心身の衰えなどで悩みも増え、良好な状態の人が減る。こうした年齢に伴う精神状態の変化は、男女ともにほぼ同じ経過をたどっていく。

仕事では「仕事あり」のほうが「仕事なし」より精神的によいこと、週間労働時間では、49時間以上になると、精神状態が良好な人は減ることがわかる。これらも年齢と同様に男性と女性で割合に差はあるものの、男女ともにほぼ同様の傾向をたどっている。

興味深いのは、正規雇用と非正規雇用の比較だ。男女計の結果を見ると、正規のほうが非正規より精神状態が良好な人は多くなっている。これは非正規は恵まれない労働だとする常識と合致するので、当然の結果としてメディアなどで引用されやすいと思う。

しかし、男女別でみるとそうはいえない。男性、女性とも正規と非正規の精神的良好度に大きな差はないのだ。

なぜ男女を合計すると、非正規のほうが低くなるのか。その理由は、正規と非正規の合計でみたときに、精神状態が良好な人の割合は男性より女性のほうが少ないこと、そして非正規は正規に比べて女性の割合が多いことだ。

となると、精神状態だけで判断する限り、長時間労働を削減したり、就労を促したりしたほうがよいのは確かだが、非正規を正規に転換するのが適切なのかというのは議論の余地があるところだ。むしろ正規・非正規のどちらにとっても精神状態を良好に保てる職場にするための施策を考える必要があるといえる。

不安が判断を歪める

4つ目のつまずきは「不安心理」だ。私は1ページ1テーマで統計データをグラフ化する「社会実情データ図録」というウェブサイトを15年ほど前から公開している。2011年4月に「ロシア人の平均寿命の推移」を示したページへのアクセスが異常なほど急増したことに驚いたことがある。

11年3月に発生した東日本大震災に伴って福島第一原発事故が起こり、放射能汚染に対する不安が全国に広がったのを背景に、ロシア人の平均寿命がチェルノブイリ原発事故の影響で大きく短縮したことを示すデータとして関心を呼んだためである。日本人の平均寿命もロシア人と同じように大きく落ち込むと懸念されたのである。

だが、ロシア人の平均寿命の短縮が原発事故の影響というのは誤った解釈だ。放射能汚染地域の割合は人口比でロシアが1・6%、原発が立地していたベラルーシが19・0%だ。原発事故の影響で平均寿命が落ち込んだのなら、ベラルーシへの影響のほうが深刻であるはず。実際はロシアのほうが大きく短縮している。

4 不安心理

ロシアの平均寿命急落は原発事故のせいではない

ロシアとベラルーシの男性平均寿命

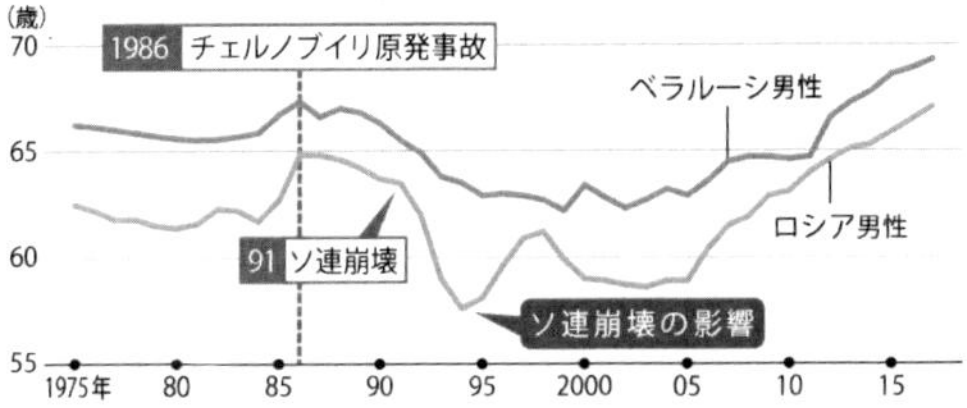

ベラルーシの男女別平均寿命

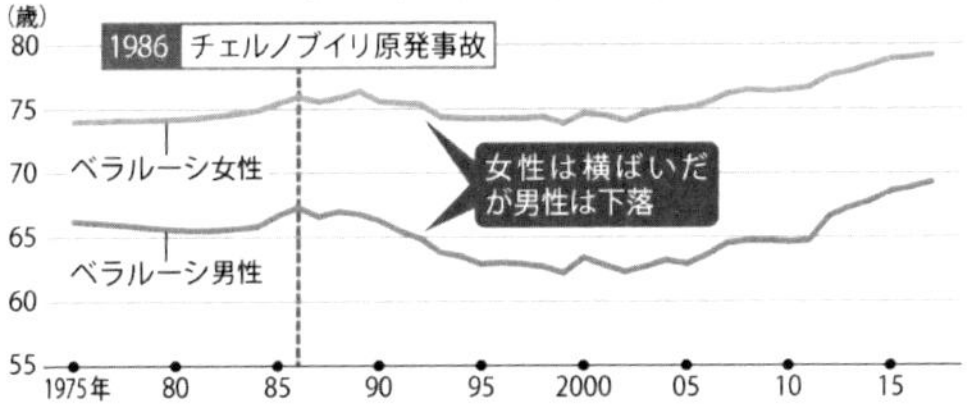

(出所) 世界銀行「World Development Indicators」

なおその原因は、1991年のソビエト連邦崩壊後、ロシアの急速な民主化に伴う社会の混乱から、とくに男性を中心に、以前からロシアの宿痾（しゃくあ）だったアルコール依存症が深刻化し、自殺や暴力的犯罪も大きく増加したためとされている。

誤解といえるデータはもう1つある。放射能汚染による人体被害で平均寿命が落ち込んだのなら男女に大きな差は生じない。データを見ると、放射能汚染の影響が大きいはずのベラルーシにおいて、女性より男性の平均寿命のほうが落ち込んでいる。

私は前述のウェブサイト上の同じページに、こうしたデータによる反論を掲載したが、それでも放射能汚染による短寿命化の先行事例として参照され続けた。突発的な不安心理は、理性的な判断を吹き飛ばすほどの威力がある。

以上の典型的な4つ以外にも、つまずく要素はある。例えば、国際意識調査における国民性による回答特性だ。とくに日本人の回答には「わからない」が多い点に起因する国際比較上のバイアスがある。調査方法の違いによる報道各社の内閣支持率の差、時系列データについての恣意的な期間設定などにも注意が必要だ。

多くの場合、自分が見たいデータを探し当てたときに正しさを検証しない安直さや、データを相手が見たいものに加工するサービス精神が、真実から遠ざかっていく要因になっている。都合のよいデータはまず疑う批判精神を持つことが正確に読み解くための近道だ。

そうした訓練を積むためには、国際機関が公表する生の国際比較データに数多く触れることをお勧めする。国内の行政機関や報道機関とは違い、必ずしも日本人が見たいデータを見せようとはしないからである。そこには「意外なデータ」や「見てはいけないデータ」がたくさんある。それらを読み解くことが、日本人の自己認識を高めるのに役立つ。

本川　裕（ほんかわ・ゆたか）
1951年生まれ。東京大学農学部卒業。財団法人国民経済研究協会常務理事を経て、アルファ社会科学の主席研究員などを務める。著書に『なぜ、男子は突然、草食化したのか』。

【週刊東洋経済】

本書は、東洋経済新報社『週刊東洋経済』2019年10月12日号より抜粋、加筆修正のうえ制作しています。この記事が完全収録された底本をはじめ、雑誌バックナンバーは小社ホームページからもお求めいただけます。

小社では、『週刊東洋経済eビジネス新書』シリーズをはじめ、このほかにも多数の電子書籍ラインナップをそろえております。ぜひストアにて「東洋経済」で検索してみてください。

『週刊東洋経済eビジネス新書』シリーズ

No.299　東証1部　上場基準厳格化の衝撃
No.300　狂乱キャッシュレス
No.301　ファーウェイの真実（上巻）米国の「制裁」はこれからが本番だ
No.302　ファーウェイの真実（中巻）紅いピラミッドに組み込まれた日本
No.303　ファーウェイの真実（下巻）半導体と知的財産への飽くなき渇望

No.304　自動車　乱気流
No.305　不動産バブル　崩壊前夜
No.306　ドンキの正体
No.307　世界のエリートはなぜ哲学を学ぶのか
No.308　ＡＩ時代に食える仕事・食えない仕事
No.309　先端医療ベンチャー
No.310　最強私学　早稲田　ｖｓ．慶応
No.311　脱炭素経営
No.312　５Ｇ革命
No.313　クスリの大罪
No.314　お金の教科書
No.315　銀行員の岐路
No.316　中国が仕掛ける大学バトル
No.317　沸騰！再開発最前線

No.318　ソニーに学べ
No.319　老後資金の設計書
No.320　子ども本位の中高一貫校選び
No.321　定年後も稼ぐ力
No.322　ハワイ vs.沖縄　リゾートの条件
No.323　相続の最新ルール
No.324　お墓とお寺のイロハ
No.325　マネー殺到！　期待のベンチャー
No.326　かんぽの闇　保険・投信の落とし穴
No.327　中国　危うい超大国
No.328　子どもの命を守る

週刊東洋経済eビジネス新書　No.329
読解力を鍛える

【本誌（底本）】
編集局　中島順一郎
デザイン　杉山未記
進行管理　宮澤由美
発行日　2019年10月12日

【電子版】
編集制作　塚田由紀夫、長谷川　隆
デザイン　大村善久
制作協力　丸井工文社
発行日　2020年3月16日　Ver.1

発行所　〒103-8345
東京都中央区日本橋本石町1-2-1
東洋経済新報社
電話　東洋経済コールセンター
03(6386)1040
https://toyokeizai.net/
発行人　駒橋憲一

電子書籍化に際しては、仕様上の都合などにより適宜編集を加えています。登場人物に関する情報、価格、為替レートなどは、特に記載のない限り底本編集当時のものです。一部の漢字を簡易慣用字体やかなで表記している場合があります。本書は縦書きでレイアウトしています。ご覧になる機種により表示に差が生じることがあります。

※本刊行物は、電子書籍版に基づいてプリントオンデマンド版として作成されたものです。